现代教育教学方法改革与创新研究

杨福基 著

延吉·延边大学出版社

图书在版编目（CIP）数据

现代教育教学方法改革与创新研究 / 杨福基著. --
延吉：延边大学出版社，2023.9
ISBN 978-7-230-05448-5

Ⅰ．①现… Ⅱ．①杨… Ⅲ．①现代教育－教学法
Ⅳ．①G40-03

中国国家版本馆 CIP 数据核字（2023）第 173930 号

现代教育教学方法改革与创新研究

著　　者：杨福基
责任编辑：董德森
封面设计：文合文化
出版发行：延边大学出版社
社　　址：吉林省延吉市公园路 977 号　　　　邮　　编：133002
网　　址：http://www.ydcbs.com
E-m a i l：ydcbs@ydcbs.com
电　　话：0433-2732435　　　　　　　　　传　　真：0433-2732434
发行电话：0433-2733056
印　　刷：廊坊市广阳区九洲印刷厂
开　　本：787 mm×1092 mm　　1/16
印　　张：9.25　　　　　　　　　　　　　字　　数：205 千字
版　　次：2023 年 9 月 第 1 版
印　　次：2023 年 10 月 第 1 次印刷
ISBN 978-7-230-05448-5

定　　价：78.00 元

前　言

近年来，随着国民经济的不断增长，教育深化改革的步伐不断加快，越来越多的教师开始认识到现代教育教学方法改革与创新工作的重要性。学校要想培养更多高能力、高素质的人才，就必须加强对教师教学方法改革与创新工作的指导，促使教师对教学方法进行创新实践。

教学方法改革与创新是提高教学质量、实现教育培养目标的重要手段。在知识经济时代背景下，学校的教学方法改革与创新必须以突出启发性为原则，以促进学生积极主动地学为指导思想。同时，还要从学校自身的特点出发，注重实践情境的创设、智慧潜能的开发和综合素质的培养。

本书从多视角诠释了现代教育教学的内涵，概述了我国教育教学的发展现状与趋势，对现代教育教学中存在的问题进行客观分析，并提出了相应的解决对策，结合教学规律以及作者在多年的教学实践中总结出来的教学方法和典型案例，探究现代教育教学方法改革与创新的可能性。

本书在写作过程中，参阅了许多相关的文献资料，借此向所参阅文献资料的作者表示衷心的感谢。由于时间及水平有限，书中难免存在错误或不足之处，恳请专家、读者批评指导。

目　录

第一章　创新教育思维下教学方法的改革

第一节　教学方法概述

一、教学方法的内涵与选择

教学方法是教学活动中最重要的因素，教学方法科学与否直接影响教学效果。理解教学方法的内涵及其选择依据，熟悉我国各院校常用的教学方法是合理运用教学方法的必要过程。

（一）教学方法的内涵

教学方法是为完成教学任务而采用的方法，包括教师教的方法和学生学的方法，是教师引导学生掌握知识技能、获得身心发展而共同活动的方式。实践证明，任何高效的教学方法都是师生双方积极参与、协调配合的活动，这是教学方法区别于其他方法的重要特点。

在实际的教学活动中，为了实现教学目标，教师还需要考虑教学方式、教学模式和教学策略的选择及运用。那么，教学方法与教学方式、教学模式和教学策略之间有何异同，彼此之间存在怎样的关系呢？

关于教学方式与教学方法的关系。方式是指说话、做事所采取的方法和形式。狭义的教学方式指教学方法运用的细节或形式。它体现的是教学过程中具体的活动状态，表明教学活动实际呈现的形式。一般来说，听、说、读、写的教学方式只有固定几种，但是实现这几种教学方式的方法却是多种多样的。例如，使学生认识地图三要素，可以采取教师讲解概念（说）、出示实物（展示）、学生画图（要求）、回答问题、教师反馈（听）等固定的几种教学方式，至于如何来实现听、说、展示、要求这四种教学方式则取决于采取的不同教学方法。同样的教学方法也可以通过不同的教学方式来实现。比如，教师在教学过程中采用讲授法，可以采用讲述、讲解、讲读等不同的方式，而学生也可以采用聆听、思考、做笔记等不同的方式学。

关于教学模式与教学方法的关系。"模式"一词是英文"model"的汉译名词。"model"还译为"模型""范式""典型"等。最先将模式一词引入教学领域中，并加以系统研究的人是美国的乔伊斯和韦尔。乔伊斯和韦尔在《教学模式》一书中认为，教学模式是构成课程和作业、选择教材、提示教师活动的一种范式或计划。一般将教学模式定义为在一定教学思想或教学理论指导下建立起来的较为稳定的教学活动结构框架和活动程序。作为结构框架，它突出了教学模式从整体上综合把握教学活动及各要素之间内部的关系和功能，作为活动程序则突出了教学模式的有序性和可操作性。

由此可见，教学模式既有理念的指导，又有实践性。教学模式属于教学方法论研究的范畴，但它并不等同于教学方法，而是在一定理念指导下的多种教学方法的特定组合，具有明确而具体的引导和示范作用。通常，教学模式包括理论依据、教学目标、操作程序、实现条件和教学评价五个因素，因素之间不同的联系就是教学模式的结构。

关于教学策略与教学方法的关系。"教学策略"是 20 世纪 70 年代出现的术语。当前，我们很难找到一个对教学策略的公认的定义。《学会生存》一书指出了"策略"这一概念所包含的三层含义："一是把各种要素组织成一个融会贯通的整体。二是预测到在事物的发展过程中会出现的偶然事件。三是具有面对这种偶然事件而加以运用的意志。"由此可见，整体性、预测性和调控性是策略的重要特点。研究者认为教学策略在层次上是高于教学方法和教学模式的，它的特点是教师有意识地对教学活动的调节和监控，包括教学活动的元认知过程、教学活动的调控过程和教学方法的执行过程。

由此可以说，教学策略是指为达成教学目标与任务、组织与调控教学活动而进行的谋划。教学方法是教学策略的具体表现，介于教学策略和教学实践之间。教学策略不同于具体的教学方法，但又与方法难以分开，它对具体的行动有整体的考虑和规划。如果说教学方法是具体的、实践的，那么教学策略则具有整体性、规划性和监控性。

（二）教学方法的选择

现代教学对教学方法的选择和运用的要求越来越高。合理选择、灵活运用的教学方法成为达成教学目标必不可少的条件。现代教育强调以系统的观点为指导来选择教学方法和手段。具体而言，教学方法的选择和运用的主要依据有以下几点：

第一，学生的年龄特征、智能发展状况、学习方式和学习习惯等。一切教学方法和策略的选择最终都是为了促进学生的知识增长、能力提升和情感体验的丰富。因此，学生的年龄和心智特点，以及与此相关的学习方式和学习习惯等是选择教学方法时首先要考虑的问题。低年级学生的抽象思维能力较弱，培养学生的语言表达能力通常需要采取看图说话的方法，而高年级则可以采取谈话或讨论的方法。对已有自学能力和自学习惯的学生，可以在学生自学的基础上，针对学习中可能遇到的疑难问题，运用讲解法。学生的心智状况始终是选择教学方法时需要考虑的核心要素。

第二，教学内容的特点和教学目标的设定。每堂课和每个教学阶段都有特定的教学内容和教学目标。教学内容和目标不同，选用的教学方法也应各异。如果教学的具体目标是让学生掌握新知识，在教学时就可以运用讲授法、演示法、谈话法等；如果教学目标是培养学生解决问题的能力，就可以选择探究法、实验法等；如果教学的主要目标是使学生熟悉某种技能，就要运用练习法。

第三，教师自身条件。教师自身的条件包括教育思想、教学能力、个性特点和心理素质等方面。任何一种教学方法都具有自己的特点，相应地也就对教师的素质有不同的要求。方法并无优劣之分，只是使用者的能力及使用者与其的契合度决定了教学效果。教学方法只有教师自身适应，并能充分地理解和把握，才可能在实际教学活动中有效地发挥其功能和作用。因此，教师应当根据自己的优势，扬长避短，选择自己最适合的教学方法。

第四，教学环境和条件。教学环境和条件主要包括学校所处的地理位置、自然环境和物资设备等，它们是影响教学方法选择的客观因素。此外，教学方法的教法不同，占用时间也不同，但课时安排是一定的。这就要求教师选用教法时在保证达到最佳效果的前提下，还应根据课时安排选择不同的教法，做到既能充分利用时间，又能保证完成教学任务。

二、常用的教学方法

目前，实践中运用的教学方法可谓不胜枚举。教学方法的丰富多样说明教学活动具有灵活性，所谓"教学有法，但无定法"，就是对教学活动这一特性的概括表达。丰富多样的方法本身并无优劣之分，只有与教学目的、学生和教师特点的契合度不同。因此，教师在实际的教学中根据周围的客观环境和自身的主观条件，精心选择多样化的教学方法，就可达到预期的教学效果。以下几种方法在日常教学实践中运用得比较普遍。

（一）讲授法

讲授法是教师通过语言向学生传授科学文化知识、思想理念，促进他们的智能与品德发展的方法。教育从其起源上讲就是为了传递人类积累的经验，因此，语言一直是教学中最古老、最有效的工具，讲授法也是最古老、应用最广泛的教学方法。

但是，在传统的教学中，受到传统教学理念的影响，在运用讲授法的时候过于注重教师的"讲"，忽略了对学生学习积极性的激发。其实，讲授法并不等同于生硬传授，学生的接受学习也并不等同于机械性学习。教育心理学家奥苏伯尔的"有意义接受学习理论"，对此做了精彩论述。奥苏伯尔认为，从学习的内容和学生已有的知识经验的关系来看，可以把人类学习分成有意义学习和机械学习；从学习进行的方式来看，可以把学生的学习分为接受性学习和发现性学习。奥苏伯尔认为接受学习是完全可以有意义的，如果教师能将有潜在意义的学习材料同学生已有的认知结构联系起来，做到融会贯通，学生也能采取相应的有意义学习的心向，就会使学生出现稳定而明确的有意义学习。有意义的言语接受学习是学生获取知识的有效途径。

从具体的运用形式来看，讲授法又可分为讲读、讲述、讲解和讲演。讲读指教师利用教科书边读边讲，是读与讲的结合；讲述指教师向学生叙述描绘事物和现象；讲解指教师向学生解释、阐明和论证概念、原理、公式和规律等；讲演则是指教师对某些重要理论和复杂问题，充分展开系统阐述和深入分析，由此得出科学的概念或结论。这四种讲授方法之间并无严格的界限，在教学中通常穿插使用。

在教学中使用教学法必须注意以下几点：

一是要精心组织材料，使讲授具有科学性、逻辑性、启发性和趣味性，教师通过问题的巧妙提出激发学生的学习兴趣，并使学生感受到讲授中所蕴含的思维方式。

二是要讲究语言艺术，使讲授具有感染力、穿透力和渗透力。教师是通过语言来引起学生注意和激发学生思维的，因此，有感染力、穿透力和渗透力的语言是调动学生的学习意愿，从而完成教学目标的有效途径。

三是使讲授和引导融为一体。讲授并非生硬地传授，良好的讲授法是在讲授的内容与学生原有的知识结构之间建立科学的联系，从而在学生的认知结构中产生"同化"或"顺应"现象，使新知识获得意义。这就要求教师在讲授过程中要善用引导策略。

（二）问答法

问答法是教师按一定的教学目标向学生提出问题，让学生回答，以问答、对话的形式来引导学生思考、探究，从而使学生获取或巩固知识，促进智能发展。问答法是最古老的教学方法之一。中国古代教育家孔子就常用富有启发性的谈话法进行教学。他主张教学要循循善诱，运用"叩其两端"的追问方法，从事物的正反两个方面去寻求知识。

古希腊哲学家苏格拉底开创了西方问答法的先河，被称为"苏格拉底方法"。苏格拉底方法可以分为四个部分：讥讽、助产术、归纳和定义。所谓"讥讽"，就是在谈话中让对方谈出自己对某一问题的看法，然后指出对方谈话中的矛盾之处，使对方承认自己对这一问题实际上一无所知；所谓"助产术"，就是用谈话法帮助对方把知识回忆起来，就像助产师帮助产妇接生婴儿一样；所谓"归纳"，是通过问答使对方的认识能逐步排除事物的个别的、特殊的东西，揭示出事物本质的普遍真理，从而得出事物的"定义"。这是一个从现象、个别到本质、一般的过程。

问答法的优点在于能够充分激发学生的思考能力，有助于培养学生的独立思考能力、逻辑思维能力和语言表达能力，其不足之处在于如果运用不当容易忽略一部分学生。问答法在运用的过程中，应该注意以下几点：

第一，出的问题要符合学生认知水平，问题的表述方式要清晰明确。教师高频率发问对学生学习有积极作用。当然，问题并非多多益善，关键是要提出能使学生积极组织答案的问题，并因此使学生积极参与到学习活动中。

第二，留出充分的候答时间。所谓候答就是教师在提出问题后等候学生思考和回答。在实践中普遍存在候答时间过短的问题。对低难度的问题，应该把候答时间至少增加3～4秒；对高认知水平的问题，应增加15秒左右。研究发现，当候答时间增加到3秒以上时，课堂会发生显著变化，学生回答问题的信心会增加。

第三，教师要对学生的回答做出恰当回应。在学生对教师提出的问题做出回答后，教师要根据不同情况做出积极回应。在实际教学中，教师对学生错误回答的批评，甚至训斥等消极反应会挫伤学生的积极性和求知欲，因此应该避免。教师对学生回答的积极回应包括：在学生回答正确时，给予及时肯定；当学生回答不正确、不确切或不完整时，教师宜采用追问和转问策略。所谓追问就是就同一问题改变提问角度、分解问题或提供回答线索等；转问则是在追问无效时，为了使问题得到更多学生的回应，可采取转问策略，即就同一个问题向另一个同学发问。当学生提出出人意料的创造性答案时，教师不能囿于既定答案而轻易予以否定。

第四，教师要善于总结。当一个问题的问答结束后，教师要善于运用规范的、科学的表述对问答过程包含的知识进行总结，以给学生一个准确、完整的答案。

（三）讨论法

讨论法是学生在教师指导下为解决某个问题而进行探索、研究的方法。随着新课程标准的实施，课堂讨论被越来越多的教师重视并在教学中使用。讨论体现了现代学习方式的主动性、独立性、体验性等特征，能有效提高课堂教学质量。而且，小组讨论背后都隐藏着极为丰富的内涵——怎样倾听他人的意见、怎样表达自己的见解、怎样与他人沟通、怎样质疑不同观点，以及在合作中如何提供应有的信息、如何评价团队的互助等。

讨论法如果运用得当，可以有效培养学生的思维能力、表达能力、沟通能力。但是，如果教师定位不当或在讨论过程中缺乏必要的引导，会使讨论因受学生知识水平、经验水平和能力发展的限制而流于形式、脱离主题或缺乏深度。因此，教师在讨论法运用过程中应注意以下几点：

第一，选择好要讨论的问题。要使课堂讨论取得理想的效果，题目的选择非常关键。在选择讨论题目时应考虑：①题目要有讨论价值。课堂讨论服务于教学目标，因此，课堂讨论的题目应该是教学的重点或难点，单靠教师讲解，很多学生难以理解透彻。②讨论题目本身要有吸引力，使大多数学生对其有比较浓厚的兴趣，愿意参与讨论。③讨论题目的难度要适当。太简单的题目难以激发学生思考，太难的题目则容易挫伤学生讨论的积极性。

第二，善于在讨论中对学生进行启发和引导。教师在学生讨论的过程中虽不能预设太多以免影响学生观点的表达和思维的发散，但是也不能对讨论过程完全放任。课堂的开放并不意味着教师可以成为课堂的"旁观者"或"边缘人"。恰恰相反，开放会催生出许多"生成性资源"，因而给教师带来更大的挑战。教师必须以课前预设为参照，有效地整合众多的"生成性资源"，充分发挥教学机制，做到"收放自如"。

在这里，"收"意在把学生散点式的思考集聚成促进其发展的资源；"收"是一种导引，意在凸显教育的价值引导作用，保证学生的理解不偏离教材且依循正确的价值倾向；"收"是一种提升，教师应该在充分倾听的前提下，整合不同的理解与思考，并将之提升到一种更高的水平。如何在"放"与"收"之间找到平衡点，是教师运用讨论法时应该重视的问题。

第三，及时总结。讨论接近尾声时，教师应简要地概括问题的结论，分析讨论过程中存在的问题，使学生获得正确的观点和系统的知识，并指出有待深入思考的问题。

（四）读书指导法

读书指导法是教师指导学生通过阅读教科书、参考书获取或巩固知识的方法。近年来，教育学界关于阅读能力与学生学业成绩之间关系的研究显示，少年儿童的阅读能力与未来的学习成绩有密切联系。学生的阅读经验越丰富、阅读能力越高，越有利于各方面的学习。因此，世界各国的教育改革都把培养青少年阅读能力作为一项重要的教育政策。在这样的时代和认识背景下，读书指导法作为一种教师有意识培养学生通过自主阅读获取或巩固知识的方法就显得尤为重要。合理运用读书指导法，教师应做到以下几点：

第一，教师要精心设计自学思考题，并鼓励学生提出问题。问题是学生思考的起点。在学生阅读前，教师要精心设计问题，积极鼓励学生批判性地进行阅读，敢于质疑，并大胆提出自己的想法，培养学生发现问题的能力。

第二，善于对学生进行读书方法的指导，使学生学会阅读。教师应指导学生掌握读书方法，主要有：①指导学生学会朗读与默读、粗读与精读。②学会利用读物本身的序言、目录、注释、图表来理解文本。③学会做记号、提问题，做眉批、旁注和尾批。④学会写摘要、摘录，写提纲和读书心得等。

第三，组织学生交流读书心得。在个人阅读的基础上，教师要善于组织学生进行各种形式的读书交流，通过不同观点之间的交流和碰撞，培养学生表达自己观点、合理吸收他人观点的态度和能力。

（五）练习法

练习法是学生在教师指导下运用某种知识去反复完成一定的操作或解决某类作业与习题，以加深理解和形成技巧的方法。任何技巧都是通过练习巩固和提高的，因此，练习法在各科教学中得到广泛的应用。练习法对巩固知识、引导学生把知识应用于实际、发展学生的能力以及形成学生的道德品质等方面具有重要的作用。运用练习法，一般有如下五个要求：

第一，明确练习的目的和要求。练习虽是多次重复地完成某种活动，但并不是简单机械地重复，而是有目的、有步骤、有指导地形成和改进学生技能、技巧，发展学生能力的过程。因此，在练习时，不仅教师要有明确的目的，而且也要使学生了解每次练习的目的和具体要求。

第二，精选练习材料。练习材料要根据练习目的、学生实际情况以及学习和生活上的需要加以选择；要加强基本技能的训练，把典型练习、变式练习和创造性练习密切结合起来，努力促进学生技能的迁移，使学生能举一反三，触类旁通，发展他们的实际操作能力和创造能力。

第三，指导正确的练习方法。教师要在练习之前讲解和示范正确的练习方法，以便提高练习的效率。

第四，适当分配练习的分量、次数和时间。技能、技巧或习惯的形成，都需要足够的练习，但是，练习的分量和次数，要根据学科的性质、练习的材料和学生的年龄来确定。一般来说，适当的分散练习比过度的集中练习效果更好。

第五，分析练习结果，及时反馈。每一次练习之后，要检查哪些方面有成效，哪些方面存在着缺点或错误，并及时反馈给学生。

（六）演示法

演示法是教师通过展示实物、教具、实验或播放有关教学内容的软件特制的课件，使学生认识事物、获得知识或巩固知识的方法。演示法是贯彻直观性教学原则的重要途径。演示法在中西方均已有悠久历史。中国古代思想家荀况就主张教学要以"见闻"为基础。时至今日，网络技术的普及和多媒体教学设备的完善为演示法的实施提供了前所未有的条件。教师运用演示法的基本要求如下：

第一，做好演示前的准备。演示前，教师要针对教学内容和学生心智特征恰当地选择和准备好各种演示材料。同时要明确演示的目的，掌握演示的操作程序，即解决演示什么、如何演示的问题。还要准备好教具和相关演示材料，提前预演以保证演示顺利。

第二，演示过程中做到指示确切，操作规范。首先，在演示的过程中，对演示材料的指示要确切，使学生头脑中形成比较鲜明的印象，加深对内容的理解；其次，演示实验的操作应规范，突出示范性；最后，还应把学生易出现错误或有疑问的地方有预见性地交代清楚。

第三，讲解结合。教师在演示的同时进行必要的讲解，通过教师语言的启发，使学生的学习不是停留在事物的外部表象上，而是要尽快使认识上升到理性阶段，形成概念，掌握事物的本质。

第四，适时提示。教师要引导学生注意观察演示对象的主要特征和事物的发展过程，避免注意力分散，及时提示学生注意什么，并加以分析和说明，让学生边观察、边思考、边讨论，以获得最佳教学效果。

（七）实验法

实验法是在教师指导下学生运用一定的仪器、设备进行独立作业，观察事物及其过程的变化，探求事物的规律，以获得知识和技能的方法。实验法的优点在于学生通过独立或合作的探索活动，经历知识的发现过程，从感性认识过渡到理性认识，认识的过程比较完整。在实验探索的过程中，学生的观察能力、独立思考能力、动手操作能力得以培养，实事求是的科学态度、探究的科学精神和热爱科学的情感也会因此产生。教师在运用实验法时，应注意以下几点：

第一，实验前的准备工作。实验前做好课时计划，准备好实验用品，分好实验小组，向学生讲解实验的原理、过程、方法和注意事项。

第二，实验过程中的指导。实验过程中，教师要在班级巡视，发现重要的或共同的问题要及时向全班学生作指导；对个别需要帮助的小组或个人，教师要给予个别指导，使实验能够顺利进行。

第三，引导学生总结实验结果。学生容易被实验的表象所吸引，有可能会忽略最重要的实验目的或结果。因此，教师应该根据具体情况引导学生总结实验发现，进行口头汇报，或要求学生提交实验报告。

（八）实习作业法

实习作业法是学生在教师的指导下进行一定的实践活动以培养学生实际操作能力的方法。这种方法体现了理论联系实际的原则，有利于促进学生深入掌握知识和培养实际工作能力。实习作业法在自然科学的教学中运用得比较普遍，数学中的实际问题解决、地理的地形测绘、物理与化学的实习，生物的植物栽培和动物饲养等都是有价值的实习作业。教师运用实习作业法应注意以下几点：

第一，做好作业前的准备工作。这种准备主要包括制订计划、确定合理的实习方式、确定地点、准备仪器、准备相关表格、分好实习小组等。

第二，明确实习作业的目标和要求。教师要让学生明确实习作业的目的及具体任务，从而提高学生的自觉性及作业效率。

第三，做好实习作业过程中的指导。教师在实习作业过程中要坚持巡视，掌握学生个人或小组实习作业的进展，发现问题和经验时及时进行指导与交流。

第四，做好实习作业总结。教师要在实习作业结束后给予检查和评价，并要求小组或个人写出实习作业总结，以巩固学习成果。

三、教学方法的改革与发展

在人类教育发展史上，不同的教育思想流派和伟大的教育实践者创造了丰富多样的教学方法，使得教学方法成为教育实践领域最活跃的部分。行为主义心理学家倡导程序教学方法；认知教学理论则倡导发现教学法；人本主义心理学家提出了"非指导性教学"的教学方法；时至今日，基于建构主义心理学形成了支架式教学法和抛锚式教学法。纵观教学方法发展和变革的历史，并非所有的方法都能经受住时间和实践的检验，但是有些确实对教育实践产生了深远影响。下面具体介绍几种教学法。

（一）发现学习法

发现学习法是美国教育家布鲁纳倡导的教学方法。布鲁纳认为学生在课程中应当学习的是学科的基本结构，也就是每门学科的基本概念、基本原理、基本法则等。而学科的基本结构是不能简单地通过教师的讲授学习的，要通过学生的探究学习去积极主动地建构，教师的角色在于创设可让学生自学的情境，而不是提供预先准备齐全的知识，因此，他极力倡导发现学习法。

发现学习法典型的学习过程是：第一，掌握学习课题（创造问题情境）。第二，提出解决问题的各种可能的假设和答案。第三，发现、补充、修改和总结。布鲁纳认为，发现法有如下优越性：一是能提高学生的智慧，发挥学生的潜力。二是能使学生产生学习的内在动力，增强自信心。三是能使学生学会发现的试探方法，培养学生提出问题、解决问题的能力和创造发明的态度；四是学生自己把知识系统化、结构化，所以能更好地理解和巩固学习的内容。

发现学习法虽有以上优点，但是在运用时也有诸多不足之处。对同样的教学内容，发现学习法比讲授学习所花费的时间更多；发现学习法适合于那些能引出多种假设、原理，能明确展开的数理学科，并不是对所有学科都有效；由于发现学习法需要学生具有相当的知识经验和一定的思维发展水平，因此不是对儿童发展的任何阶段都适用。同时，发现学习法的使用，还需要逻辑较严密的教材和具有较高水平的教师。

（二）范例教学法

范例教学法是德国教学理论专家瓦根舍因和克拉夫斯基创立的教学方法。这种教学方法是为了解决知识量的急剧膨胀与人有限的学习时间、学习能力之间的矛盾，目的在于提高学习效率。

范例教学法指教师在教学中选择真正基础的、本质的知识作为教学内容，通过"范例"内容的讲授，使学生学会举一反三，掌握同一类知识的方法。范例教学的一般实施步骤如下：

第一，要求教师精选、设计范例，通过个别、典型的事例和对象说明事物的本质，以具体直观的方法提出问题，激发学生的学习动力。

第二，要求教师帮助学生从一个发现引导到一类发现上去，而学生则通过对个别认识的迁移来把握"类"，目的是从上一阶段的个案出发去探讨类似现象。

第三，要求教师提供帮助，让学生的探讨一步一步深入，学生则揭示、发现规律，目的是揭示出一类知识背后隐藏的规律。

第四，要求教师帮助学生把获得的规律性认识转变为自己的经验，学生掌握规律，不仅能深刻地理解客观世界，还能加强其行为的自觉性。

范例教学主张用精选的、经典的范例来编写教材。主张把传授知识、发展智能和培养情感结合起来。把培养学生的独立性既看成教学的目标，又看作教学的手段。倡导让学生自己去学习，自己去理解，自己去发现。这些理念至今仍然符合学校的教学价值观，这或许就是范例教学在全世界被广为接受的原因。

（三）非指导性教学

美国人本主义心理学家卡尔·罗杰斯根据自己"以病人为中心"的治疗理论，在教学领域提出了独具特色的非指导性教学方法。这种方法主张师生之间在相互信任的心理氛围中，使学生通过自我反省活动及情感体验，在表现自我、认识自我的过程中，达到自我改变的目的。

非指导性教学的目标是促进"整体的人的学习"，培养独特而完整的人格。所谓"整体的人的学习"既包含丰富的认知因素，也具有情感因素（如好奇、兴奋、发现的激动、自信、入迷等）。教师要促进学生的这种整体的学习，必须给予每个学生以积极关注，使学生的需要得到满足。

非指导性教学法必须以亲密信任的人际关系为基础。罗杰斯认为，促进学习的关键乃是教师和学生之间关系的某些态度和品质。在他看来，良好的师生关系应该具备三种品质，即真实、接受和理解。"真实"是指教师对学生要以诚相待，要向学生表达自己内心的思想感情，这样才会促进师生之间的有益交流。"接受"是指教师把学生视为具有价值的独立个体而给予充分的、无条件的尊重，消除师生关系中的不安全感。"理解"主要是指带有感情色彩的移情理解。

在非指导性教学中，教师的角色从指导者转变为促进者。在教学中，对讨论承担主要责任的是学生，教师只是做些非指导性的应答以引导或维持讨论。非指导性应答通常是一些简短的答话，这些话不是解释、评价或给予忠告，而是对理解加以反映、澄清、接受和证明，目的在于形成一种气氛，让学生愿意表达自己的想法。在这里，学生自己决定要学习的东西，自由设置自己的教育目标以及选择达到目标的方法，教师只是为他们提供一些材料。

总之，非指导性教学不能操纵学生，要打消学生的依赖性，师生在安全的心理氛围中，实现认知与情感的交流和提升。

四、现代教学方法的发展趋势

教学方法改革是当今教育改革中的一项重要内容，也是现代教学研究中一个引人注目的研究领域。近年来，随着一些创新的教学方法，如"合作学习"等的出现与流行，现代教学方法体系又呈现出了新的态势。纵观世界各国教学方法的改革，以下五个方面的新趋势值得注意。

（一）互动方式的多边性

多边性主要是指现代教学方法不再局限于传统的单向活动论和双向活动论，而强调教学是一种多边活动，提倡师生、生生、师师之间的多边互动。现代心理学认为，多向交流较之单向交流和双向交流有着更加显著的效果，能最大限度地发挥相互作用的潜能。这一点可以从近些年来流行于世界各国的一些教学方法中得到印证。

以高效、低耗、速成、愉快而著称的"暗示教学法",就是大量地运用了学生之间、师生之间的互动,如角色扮演、游戏、讨论等,使教学兼具单向、双向和多向交流,形成了一个信息交流的立体网络,极大地调动了学生的积极性,提高了学生的参与度,使教学效果数倍于常规教学方法。以多边活动论作为出发点来设计教学方法是现代教学方法改革的一个新趋势,它把教学置于师师之间、师生之间和生生之间的多边活动的立体背景下,突出动态因素间的多边互动,这对充分开发与利用教学系统中的人力资源,提高学生学习的积极性与参与度,增强教学效果,达成教学目标具有重要意义。

(二)学习情境的合作性

合作性主要是指现代教学方法越来越强调教学中各动态因素之间密切合作的重要性。20世纪70年代兴起于美国,目前盛行于世界各国的"合作学习法",可以说是最具合作性特点的一种现代教学方法。合作学习论者认为,合作是人类相互作用的基本形式之一,与竞争一样,是人类生活中不可或缺的重要组成部分。现代社会在要求人们进行激烈竞争的同时,又要进行广泛的多方面的合作。

20世纪70年代初期,西方一些学者开始着手研究教育中的合作问题,在教学中提倡利用小组合作学习来提高学业成绩、习得合作技能、增进同伴友谊等。合作学习不仅能大幅度地提高学生的学习成绩,而且还能培养学生正确的合作观与竞争观,顺应教育社会化的需求。因而,合作学习法很快就成为一种重要的教学方法。需要指出的是,合作学习并不排斥竞争与个体化的活动,而是将之纳入了合作学习的过程之中,形成"组内合作、组间竞争、各尽其能"的格局,最大限度地发挥合作小组的作用。

(三)价值取向的个体性

个体性主要是指现代教学方法更加趋向于适应个性,因材施教,更加注重增加个体学习的参与度,更加注意发展学生的潜能。从现代教学方法改革来看,一方面,个体性活动已成为许多教学方法的重要组成部分,如"协同教学法""暗示教学法""合作学习法"和"发现法"等,都将个体活动作为教学过程的重要环节,注重个性适应和学生的参与;另一方面,现代教学技术手段的发展为教学方法提供了一个新的发展空间,师生相互作用的条件趋于多元化,使学生在知识、能力、兴趣、特长和个性品质等方面的发展成为可能。

（四）目标达成的全面性

全面性是指现代教学方法越来越重视认知、情感、技能等各种目标的协同达成，强调知、情、意、行的有机统一。研究教学目标理论的发展历史，不难寻到这样一个轨迹：掌握知识→发展智力→开发非智力因素→培养技能→认知、情感、技能的协同达成。以近些年盛行的"合作学习"为例，合作学习不仅强调提高学生的学业成绩，培养各种能力，提高学生的自尊与自信，还注意到了培养与社会发展相适应的合作意识与技能、处理人际关系等方面的技能。

（五）选择使用的综合性

综合性是指在选用现代教学方法时，人们开始注重多种方法的有机结合，以达到最优的教学效果。由于教学过程的复杂性、教学内容的丰富性，以及所要完成任务的多样性，教学过程应当有多种多样的教学方法与之呼应。目前，国内外已有一些将多种教学方法结合起来使用且效果显著的尝试，例如，由美国著名教育学者噶斯基教授提出的"合作掌握学习法"。

噶斯基从分析合作学习法与掌握学习法的基本要素出发，论述了这两种教学方法之间存在的自然互补性。他认为提供系统的反馈是掌握学习的主要优点之一，而合作学习缺少的正是这种反馈；掌握学习在提供高质量的矫正与充实活动方面通常会遇到困难，而合作学习恰能补充掌握学习的这一不足。以此为基础，噶斯基提出了"合作掌握学习"的理论与方法，并付诸实践。大量研究结果表明，运用合作掌握学习的效果的确优于单纯使用掌握学习或合作学习的效果。

再如，布鲁纳的"发现法"推广受阻后，分别在美国、中国产生了有较大影响的"引导发明教学法"，这种方法就是以学生中心为特征的"发现法"和以重视教师主导作用为主要特征的传统教学方法相结合的产物。由此可见，把各种彼此互补或相关的教学方法结合起来运用的尝试是十分有意义的。

第二节　创新教育思维下教学方法的变化

一、从教育危机谈起

近年来，许多教师在授课时发现学生有比较严重的厌学倾向。形成这种倾向的原因是多方面的，但其中一个重要原因就是教学模式的僵化。长期以来，我们的教育已经形成了"任务的眼光"，即把教育看作为实现特定目的、上传下达的内容，被当作任务来执行。

它强调的是学生掌握知识的数量和掌握的精确度，是对已有知识的记忆。教师只对教材和教案负责，学生只满足于分数和标准答案，没有对现实的认识、对生活的体验。日积月累，学生会逐渐失去生活的动力，失去学习的兴趣。当教育被彻底工具化以后，人的创新潜能就会被埋没，就会失去教育的意义。

二、教育呼唤创新

联合国教科文组织提出教育应以"人的发展"为基本目标。教育的终极目的是把自然人、感性人变成社会人、理性人，是为了提升人性，使之趋向崇高和完美。世纪之交的教育正出现一系列的变革趋势，在"科教兴国"和"素质教育"的大背景下，培养具有创新精神和创新能力的人才已经被摆到了一个突出的位置上，素质教育的核心目标也正是对人的创新精神的培植和创新潜能的挖掘。创新是一种综合素质，是一种积极开拓的状态，是潜在能力的迸发，就其实质而言是人的全面发展的结果。创新教育就是整个教育过程被赋予人类创新活动的特征，并以此为教育基础，达到培养创新人才和实现人的全面发展的目的的教育。创新教育是一种面向全体学生的全方位的素质教育，是一种既重结果，更重过程的、具有创新特征的教育。

三、教学中如何创新

在教学中应把教育目标定位在培养创新人才上，而创新人才应该具备创新精神和创新能力。

（一）指导思想

树立个性化的教育思想，是未来教育的一大特色。教师要尊重每个学生的兴趣、爱好、个性和人格，以一种平等、博爱、宽容、友善、引导的心态对待每个学生，使学生的身心自由地表现和发展。

每个学生来到学校的时候，除了怀有获得知识的愿望外，还带来了自己的情感世界。如果教师过于强调统一，要求统一的目标、统一的内容、统一的进度，学生必然被这种教学体系所伤害，而且会扼杀学生的创造精神和创造能力，不利于学生发展。因此，教育应从学生的个性出发，并以"个性充分自由的发展"为目的，承认每个学生的个性差异，高度重视学生的个性。在个性化教育中，学生的个人志趣，独立思考、发散思维、想象力和创造思维等智慧品质都能充分发挥，这必然有助于他们的学习。创造个性的形成，有利于培养创造性人才。

（二）教学方式

1.问答式

在课堂上，将教学内容设计成难度递增的多个问题，让学生回答。例如，在讲质量守恒定律时，可设计三个问题：第一，质量守恒定律的内容是什么？第二，为什么参加反应的各物质质量之和等于反应后生成的各物质质量的总和？第三，为什么氯酸钾和二氧化锰混合物加热后固体质量减少？这三个问题都是质量守恒定律的内容，三个题目难度分层递增，有针对性地提问不同学习基础的学生，以满足不同学生的需要，使学生获得全面发展。

使用这种方法，还可以让学生学会从不同角度和方向去思考，避免形成思维定式。同时使学生认识到解决问题的途径不是单一的，而是开放式的，问题的答案可能是多样的，鼓励他们寻找多种途径解决问题。如实验室中常用的收集气体的装置，就可以让学生动手验证一下，这种装置可以有多少种用途。这是个典型的开放型实验，其结果和答案都不是唯一的，其程序也无固定模式，这样的训练有利于培养学生的创新思维。通过这种"问答式"的方法，可以把教学真正变成活跃学生思维、启发学生思考、引导学生创新的活动。

2.问答式

问答式的学习方法还是带有一些传统的教学思想，即学生总是被要求回答教师提出的问题，在回答问题的过程中没有突出学生主动参与构建学习的作用，从而使学生不可避免地处于一种被动的地位。

爱因斯坦认为，提出一个问题通常比解决一个问题更重要，因为解决问题也许仅仅是一种技能而已，而提出新的问题、新的可能性，从新的角度去看待旧的问题，却需要有创造性的想象力，而且标志着科学的真正进步。由此可见，对学生来说，提出问题更为重要，更具创新精神。

因此，在教学中，有意识地采用问答式，鼓励学生在学习过程中提出问题并自己回答，它强调的是学生自己提问题，在独立思考的基础上，全班或小组进行讨论，使每个学生都有参与活动的机会。著名化学家门捷列夫在总结成功的原因时说道："中学时代，同学间的一次讨论，在我一生中留下了不可磨灭的印象。"对一些非常规性问题及高质量问题，学生感到回答困难时，教师再加以启发、点拨，学生会觉得茅塞顿开，豁然开朗，从而让学生在"好学""乐学"中去克服困难，体会到学习的乐趣。问答式更加强调学生的主动学习及与同学之间的互相学习，同时注重教师的导向作用，而且教师还应特别鼓励学生勇于提问题、善于提问题，敢于标新立异，不断开拓进取。

3.体验式

体验式学习指使学生参与设计学习的全过程，使学生真正成为课堂的主角。教师的作用不再是单方面地传授知识，更重要的是利用那些可视、可听、可感的教学媒介为学生做好体验的准备工作，让学生产生一种渴望学习的冲动，自发地全身心投入学习过程。学生在自己参与学习的过程中，会形成深入细致、严谨求实的学风，对他们以后的工作会起到潜移默化的作用。使用体验式教学方法，教师可以通过投影、计算机技术、多媒体技术，为学生提供参与学习过程的环境，积极地引导学生的感情，增进理解，唤起兴趣，强化记忆，让学生在愉快的气氛中进行学习活动。实践证明，体验式学习会给学生带来新的感觉、新的刺激，从而加深学生的记忆和理解。

4.留白式

教学不能满堂灌，要给学生留有余地。例如，化学实验课是最能开发学生创新潜能的机会。在实验中，学生通过动脑、动手，去印证前人的经验，提高自己的创新观察能力及创新实践能力。教师在实验前精心准备一些富有探索性的实践任务，在实验中，教师要留一些"空白""开发区"，让学生去发现、去创新，锻炼他们的创造实践能力。

创新教育是"三个面向"的需要，只要我们转变教育观念，在课堂教学中注意培养学生的创新意识、创新精神和创新能力，就一定会培育出许多创新型人才。

第三节　创新教育思维下教学方法的选择

一、方法选择与组合的灵活性

虽然课堂教学方法多种多样、五花八门，但没有一种教学方法是万能的，或是可以孤立存在的。苏联著名教育家巴班斯基曾经指出："每一种教学方法就其本质来说都是相对辩证的，它们既有优点又有缺点，每一种方法都可能会有助于达到某种目的，却又妨碍达到另一些目的。"例如，直观教学法，可以提高学生的学习兴趣，提高教学效果，但运用过多会遏制学生抽象思维的发展。讲授法在一定时间内可大量传递知识信息，有助于发展抽象思维能力，但如果缺乏必要的感性经验的支撑，学生就会难以真正理解，也不利于培养动手能力。因此，创新教育的课堂教学方法要根据不同的教学目标、教学内容、教学对象、教学条件、教师素质等条件，因时制宜、因地制宜、因人制宜、扬长避短、补偏救弊，通过科学选择与组合，发挥课堂教学方法的功能，达到教学效果的最优化。

二、言说与倾听并行的互动性

言说与倾听是师生之间教育交往最基本的方式。课堂教学在某种程度上就是师生在彼此言说与倾听中接近真理的过程。伽达默尔说过："听者必须在倾听中理解，言说是在倾听的无声回答中被接受。"既往的言说与倾听通常被理解为教师向学生传递知识与经验的手段，言说与倾听通常是分离的，只读不说、有说无听的现象比比皆是。创新教育的课堂教学方法注重言说与倾听的互动性。在创新教育的课堂教学里，言说与倾听是师生基于相互尊重、信任和平等的立场，通过真诚地表达自我，实现精神的交流、心灵的共振、情感的交融。言说与倾听的最高境界是对话。对话是师生基于相互尊重、信任和平等的立场，通过彼此的言说与倾听而进行双向沟通、共同学习的方式，其宗旨是各方共同致力于制造意义，寻求对话。雅斯贝尔斯说过："对话是真理的敞亮与思想本身的实现。"

三、合作与独立学习并重的适应性

创新教育的课堂教学首先提倡合作学习。因为未来的社会需要广泛的协作，未来的人们如果不懂得合作，是难以做出成绩的，甚至将难以生存。合作学习，不只是从形式上把课堂合并成小组的形式，也不只是在课堂上多一些学生间的讨论与对话，更重要的是培养学生的合作精神和合作能力，使他们懂得尊重别人，耐心听取别人的意见，从而培养一种公平、友好的竞争精神。

创新教育的课堂教学还提倡适应学生的个别差异。现代程序教学法、个别规定教学法、非指导性教学法等，都突出了学生独立学习的地位。现代信息传播手段不仅使独立学习成为可能，而且客观上要求打破整齐划一、呆板、僵化的旧的教学方法，使学生能根据自己的能力水平，自我调整学习策略，实现个性化教学。

创新教育的课堂教学方法提倡合作学习与独立学习，要求针对不同情境、不同任务，将独立学习纳入合作学习的过程之中，形成"组内合作，组内竞争，各尽所能"的格局，最大限度地发挥合作小组的作用。

四、教法与学法并举的双边性

"授人以鱼，不如授人以渔。"创新教育的课堂教学不仅注重教法，同时更注重对学法的渗透。因为从科技迅速发展的背景看，加强创新教育对学法的渗透是更新知识的需要；从教育学观点看，加强学法渗透是以学生为主体这一现代教育观念的体现；从心理学观点看，学法渗透是培养学习能力的核心因素。

总之，创新教育的课堂教学把教学方法看作教师的"教"和学生的"学"的统一，把教学看作师生多边活动的过程，既有教法的要求，又有学法的要求，力求二者结合，使学生学会学习，从而提高其学习能力。

五、智力与非智力因素目标达成的全面性

课堂教学方法是达成教学目标的工具和手段，创新教育的课堂教学方法重视知、情、意、行等各种目标的协同达成，强调智力和非智力因素的有机统一。创新教育的课堂教学方法以发展学生智力为主旨，力求使学生通过自己的探究，在掌握知识的过程中，充分发展自己的智力。

创新教育的课堂教学方法在重视培养学生智力的同时，也非常重视培养学生的非智力因素，力求通过教学方法的合理运用，引起学生的兴趣，激发学生的动力，培养学生的情感，增强学生的自信心，使学生养成科学的学习态度，促进其个性的全面发展。人本主义心理学家罗杰斯的非指导教学法，突出教学中的情感因素，形成了一种以知情协调活动为主线，将情感作为教学活动基本动力的教学模式。

六、外部与内部因素控制的双部性

所谓"双部性"，是指教师控制学生活动时，既要注意学生的外部活动，又要注意学生的内部活动。以往的教学方法，只注意学生活动的外部，只注意他们听课是否集中了注意力，是否回答了提问，观察是否仔细，讨论是否认真，实验是否有秩序等。但是尽管学生活动的外部表现可能相同，他们的内部活动也截然不同。有的学生可能在机械

地记忆现成的知识,有的学生可能在进行一种探索性活动,并以此来获得知识,促进思维、想象、创造力的发展。

教育家休金娜认为,教学方法的教育学价值通常是由认识过程的隐蔽的、内部的方面决定的,而不取决于该过程的外部再现形式。因此,创新教育的课堂教学方法,不仅应注意控制学生的外部活动,而且要更加重视学生的内部活动。特别需要指出的是,现代教师都注重对课堂气氛的调控,但课堂表面的热闹程度并不能决定教学的质量。

教师调控课堂教学气氛时应注意两个最基本的标准:一个标准是课堂中的情感的准度与强度,这就要求课堂气氛的营造要和教学目标指向相符,要与课文情感基调相称。另一个标准是学生智能的激发程度。智能活动是学习活动的核心,能够促进学生智能活动积极开展的氛围才有益。

第二章　现代教育教学的基本模式

第一节　现代远程教育自主学习模式

随着现代信息技术与网络技术在教育领域的广泛应用，现代远程教育日益成为教育的新形式，是传统教育的延伸和补充，对我国终身教育体系和学习型教育体系的形成起着重要作用。本节对构建现代远程教育自主学习模式的策略进行探讨，以进一步提升现代远程教育质量。

一、自主学习是现代远程教育的必然选择

现代远程教育是 20 世纪 60 年代随着信息技术的发展而出现的新型教育形式，它集面授、电视、网络教育的优势于一身，融文本、图片、音频、视频为一体，创造了在不同时间和空间下师生交流的虚拟课堂环境。国际远程教育专家德斯蒙德·基更于 1990 年概括出远程教育的 5 个特征：①在整个学习期间，教师和学生处于准永久性分离状态；②教育组织通过规划培养方案和提供学习支持与服务来影响教学活动；③技术媒体（印刷媒体、视听媒体和计算机媒体）的使用把教师和学生联系起来，并成为课程内容的载体；④提供双向通信，使学生可以主动对话并从对话中受益；⑤在整个学习期间，通常不设学习集体，学生进行自主学习，但可根据教与学两方面的需求，召开必要的教学会议。

现代远程教育中，教师和学生处于准分离状态的特征，决定了学生拥有较大的学习自主权，可以较为自由地决定学习时间、地点、内容、方法和进程。现代远程教育中，

学生的学习成效直接取决于学生的自我管理与自我控制能力。如果学生能以学习目标为指引，自觉主动地确定学习目标、营造学习环境、选择学习方法、监控学习过程、评价学习结果，那么学生将会最大限度地实现学习目标。现代远程教育中，学生独立、自主、个性化、随时化的学习方式，与现代化学习方式——自主学习的特征是相一致的。自主学习的核心思想：学生是学习的主体。学生独有的认知结构、学习欲望和潜能为学生独立学习提供了可能。通过积极的引导和支持，学生能够对所从事和管理的学习活动及时进行自我总结、自我评价，及时对学习目标和学习计划进行调节。由于自主学习的理念有效地体现了现代远程教育的远距离网络教学特征，因此，在一定程度上讲，以自主学习为主要学习方式是现代远程教育的必然选择。

二、制约现代远程教育自主学习成效的主要因素

《现代远程教育资源建设指南》中明确提出：现代远程教育是利用网络技术、多媒体技术等现代信息技术手段开展的新型教育形态。这种新型教育形态的本质特征在于教师和学生处于准分离状态，教学活动必须借助现代媒体技术来完成。现代远程教育中学生的学习动机、网络学习的平台和学生的学习策略是影响自主学习效果的关键因素。这主要是因为：

第一，学习动机强度是制约自主学习效果的核心因素。学习动机是影响学习效果的非智力因素，学习动机的指向和水平直接影响学习行为和学业成就。不论何种形式的教育，学习动机强度都是制约学习效果的核心要素。认识学习动机的类型和特性，对于提供相应的教学策略和学习支持是十分必要的。现代远程教育改变了传统的以教师为中心的教学结构，教学形式从以教师的"教"为主变为以学员的"学"为主。如果学生没有内在的学习需求，缺乏强烈的学习动机就难以有效地进行自主学习，难以有效地实现学习目标。

第二，网络学习平台是学生进行自主学习的基础。自主学习的效果在一定程度上取决于外部环境所提供的支持与服务。由于现代远程教育的网络平台是教师、学生互动的媒介与纽带，是学生获取知识、信息的主渠道，因此现代远程教育的网络学习平台是进行自主学习的基础。

第三，学习策略是制约自主学习效率与效果的主要因素。所谓学习策略，就是学生

为了提高学习的效率和效果，有目的、有意识地制定有关学习过程的复杂方案，它既是内隐的规则系统，又是外显的程序和步骤。接受远程教育的学生在学习过程中能否有效运用学习的规则、方法、技巧，并适时进行调整，决定了学习的效率与效果。

三、构建现代远程教育自主学习模式的策略

在现代远程教育环境下的自主学习是一种极具创造性的学习模式。然而我们必须充分认识到，虽然现代远程教育蓬勃发展，但是由于长期以来受传统课堂教育教学模式的影响，学生在学习心理、学习方式、学习方法、学习主动性和学习自我监控方面还不能适应现代远程教育网络学习的发展和需要，加之目前现代远程教育网上教学资源不够充分，学生在学习过程中会受到尖锐的工学矛盾，以及学习动机的激活程度等诸多因素的影响，很容易使自主学习过程中断，或半途而废，或无所适从，或为无法达到预期学习目标而苦恼，从而使自主学习的优势得不到应有发挥，无法达到预期效果。因此，要应用好现代远程教育的自主学习模式，还必须有一套行之有效的策略。

（一）倡导自主学习理念，增强自主学习的动力

培育学生强烈的学习动机和浓厚的学习兴趣是保证自主学习有效进行的首要任务。制约和影响自主学习动机的因素是多方面的，对此，有学者进行了综合性的专门分析和归纳，认为在所有认识到的成人学习动机中，求知兴趣驱使、个人职业发展、逃避现实或寻求刺激、为社会服务、来自外界的期望、扩展社交关系六种参与学习活动的动机类型是最为常见、最有普遍性的。但是，很多学生的学习动机都带有很强的功利性因素，他们只重视学习的最终结果或文凭，而非学习知识和提高能力，因此，要培育和激发自主学习动机，需要社会、教育机构和学生的共同关心和努力。

第一，要营造有利于自主学习的社会氛围。培养自主学习能力对于个体、单位及社会具有重要价值，实施现代远程教育对于造就高素质劳动者、推进学习型社会建设和构建终身学习教育体系具有重要的现实意义。树立科学的人才观，建立健全人才评价及使用机制，不唯学历、不唯资历，不拘一格选人才，只有这样才能使学生拥有自主学习的动力，使学习动机由单纯地追求文凭转为求知和提高能力。

第二，要确立以学生为中心的思想。将自主学习理念融入学习资源和教学策略的设

计和开发中，以自主学习理念来设立学习目标、组织学习材料、设计教学方案、实施教学活动。改变过于强调接受学习的现状，以引导、启发为主要方式来激发学生主动探究、乐于探究、勤于动手的兴趣，培养学生搜集、处理信息和获取新知识的能力，培养学生分析、解决问题的能力以及交流与合作的能力。

第三，要在教学活动中充分发挥教师的主导作用，体现学生的主体地位。现代远程教育中教师的作用不再是将现有的知识体系呈现给学生，以知识传授为主，而主要是指导学生开展自主学习，帮助学生学会学习，学会运用自己的头脑获取新知识，实现真正意义上的自主学习。教师要经常引导学生认识学习的必要性和迫切性，激发学生自觉学习的热情，并关注学生学习需求，尤其是要帮助他们消除学习障碍，巩固学习动机；教师在学习指导中要善于引发学生对新知识的好奇和探求之心，着力创设问题情境，激发学生对知识的浓厚兴趣，让学生产生积极情感和愿望。

第四，要避免在现代远程教育中片面强调学生的主体地位，从而产生全盘否定接受式学习方式的现象，如片面强调学生的主体地位，片面强调网络在学习中的作用，过分依赖学生的自我调控能力等现象。这不但无助于激发学习兴趣，反而造成学生对学习漠不关心，降低自主学习的愿望。

（二）发挥现代信息技术作用，构建自主学习的平台与环境

在现代远程教育的教学过程中，教师通过运用现代教育技术手段，开发和发送课程以及向学生提供学习支持服务来完成教学任务；学生主要依赖计算机网络教学平台和应用多种媒体教学资源来获取教学信息，学习知识与技能，并得到教师的指导与帮助。在远程教学过程中，教学的意图、思路、观点等都必须通过多种媒体教学资源来体现，多种媒体教学资源的制作与运用效果，在很大程度上决定了现代远程教育的教学质量。因此，优化现代远程教育媒体教学资源和网络教学平台已成为提高现代远程教育教学质量的关键。发挥多媒体计算机和网络技术的特性，现代远程教育可以创设出有利于自主学习的网络平台与环境，并在网络教学过程中有效地支持和帮助学生提高自主学习能力，实现个体的充分发展。

创设出有利于激发学生学习兴趣，使学生产生强烈学习欲望的自主在线学习平台和网络学习环境的关键，在于将现代信息技术特性与先进的教学方法和学习理念相结合。一是要借助多媒体技术和网络技术所具有的特性，将文、图、声、像等不同媒体信息加以整合，将讲解、演示、测验等不同教学内容加以整合，将预备知识、当前知识与扩展

知识加以整合，构建一个丰富而生动的网络学习平台与环境。二是利用多媒体计算机人机交互性强的特性，进行发现式教学。发现式教学是一种现代启发式教学方法，是根据学生已有的认知结构特点设定问题、设置情境，并提出假设与提示各种可能，让学生带着疑问去学习、去探索的教学方法。通过将解决问题的各种思考过程装入教学程序，让学生根据计算机的提示，寻求解决问题的思路和方法，步步求解问题，发现和掌握规律，有助于提高学生的分析判断能力、逻辑思维能力、钻研求知能力及解决问题能力，可以将学习知识与增强能力有机统一，将信息交流与开发智能有机统一。三是利用非线性的多媒体信息结构和信息管理技术，实现对学习资源、教学策略的合理设计，提供以异步学习为主、同步学习为辅的学习条件，形成便于学生异步学习、自由配置学习进度的支持机制。学生可以根据自己的兴趣、基础和学习需求选择适合的学习内容和学习策略，从一个主题跳转到另一个主题，从一个概念跳到相关的演示，灵活地在各知识点上自由浏览，成为信息处理的决策者，自由地选择最适合自己的方式。

（三）培养学生自主学习能力，制定自主学习策略

自主学习能力的不足与缺失是影响现代远程教育学习效率与效果的主要因素。现代远程教育环境下的学生大多不懂得怎样结合自己的专业和学科特点选择合适的学习策略，他们在自主学习中，面对众多的学习资源、学习媒体、学习手段和学习方式，往往不知所措，致使学习常常事倍功半，迷茫感和挫折感越来越强。因此，现代远程教育要从培养和开发自主学习能力入手，为学生的自主学习过程提供持续的支持和监控，引导学生制定自主学习策略。帮助学生了解自主学习的特点、规律、规则，强化学生使用在线学习平台进行自主学习的能力；帮助学生认识自我和分析学习任务，指导学生合理安排学习时间、学习内容和选择学习方法等，逐步具备自我管理和监控的能力，根据自己的学习需求、个性差异和学习风格，制定符合自身特点的学习策略；设置以自主学习为导向的学习目标与步骤，提供有利于自主学习的资源与信息，帮助学生理解和建构新知识；教师要借助网络互动随时了解学生的动态与学习效果，及时解决学生遇到的困难，及时调整教学策略与手段，调整自己的知识传递内容和传递方式，使之恰到好处地适合学生学习的需要，为自主学习提供教学支持与服务。

（四）加强在线交流与互动，提高自主学习的效率与效果

现代远程教育学习平台最突出的优点，是可以使远程教学活动成为一种新型的远程

双向交互教学。研究表明，学生在与比自己水平稍高的同学的交往中有利于将潜在的可达到的水平转化为现实水平，并会创造出更大的发展可能。而与水平稍低于自己的学生交往，充当指导者的角色，有利于知识的巩固和查疏补漏。由于现代远程教育的学生的认知结构和认知水平不尽相同，生活经验与工作经验各有差异，因此，引导学生在线交流，使学生之间能够相互启发，并进行适当的竞争和协作，有助于提升学生自主学习的信心，提高自主学习的效率与效果。这主要表现在：在线交流与互动便于教师对所有学生进行测试，并对结果进行分析，从而了解学生的总体水平和差异，了解他们对知识的理解、掌握程度，以便及时调整教学进度、内容和方法；在线交流、互动为学生与智能导师、在线专家、教师或是同伴交流创造了条件，使学生能够及时了解教师的反馈和评价，使学生可以自由地发表自己的意见、观点、看法，使学生与教师之间、学生与学生之间可以方便地进行思维的碰撞，达到知识、信息高度共享和情感的相互交流，加深理解学习内容的意义，获得更为全面的专业知识的目的；在线交流与互动可以增强彼此了解，形成民主平等的教学氛围，使教学真正成为师生之间平等交往、真切互动和合作探究的舞台，进而化解时空分离的隔阂，减轻远程学生个人学习的孤独感，满足学生社会性交往的需求。

（五）以学习需求为导向，构建质量控制体系

现代远程自主学习并不等于让学生放任自流，而是有科学、严格的质量标准与质量控制体系，任何忽视远程自主学习质量的态度，都与远程教育的理念相悖。设立现代远程教育质量标准与控制体系，检视课程的目标、内容、资源分配和预计的结果，确保课程能充分配合自主学习的需要，是实施自主学习的制度保证。现代远程教育中的自主学习特点，决定了质量标准与控制体系不能简单地参照传统课堂教学设立，而要以人才培养目标为出发点，以学生的心理、生理特性为基础，以网络平台的技术特性为手段，既要能客观地衡量学习效率与效果，又要使学生乐于接受和认同，避免出现伤害学生学习热情、束缚自主学习的标准和体系。

全面质量管理是由顾客的需要和期望驱动的管理哲学。现代远程自主学习质量标准设定与控制要基于全面质量管理的理念进行构建。全面质量管理原本是企业界的一种管理思想与实践，是一种通过使用各种工具、技术和培训的整合系统来让顾客感到满意的管理理论与实践，是一种组织文化承诺。全面质量管理理论包括为用户服务、全面管理、预防为主和用数据说话四个主要内容。在现代远程教育中实施全面质量管理，一是办学

机构要根据市场需求制定人才培养目标，以本地区和本校学科的优势来制定学科方向，并设计多元化的教学目标，满足学生和用人单位的现实需求，这是现代远程教学发展的方向和存在的市场基础。二是要把专业技术、管理技术和数理统计技术集合在一起，建立以预防为主、用数据说话的，全方位、全过程的，科学、严密、高效的质量保证体系，从制度上保证教学质量不断提高。以预防为主，就是对现代远程教育教学质量进行事前控制，把影响教学质量的不利因素消灭在萌芽状态，使每个教学环节都处于可控制的状态；用数据说话，就是对正确的数据资料进行加工、分析和处理，找出现代远程教育的规律，再结合专业技术和实际情况，对存在问题做出正确判断，并采取有效措施加以解决；全方位、全过程的监控就是要对自主学习的全过程进行检测，对自主学习的资源、计划、完成学习任务的时间、学习技术环境等方面进行实时和非实时监控，使每个教学环节都处于可控制的状态，以形成远程自主学习的制度文化。

第二节　现代教育技术与新型教学模式

教育技术与现代教育技术有着根本的区别。我们平时所说的教育技术也就是传统的教育手段，即以粉笔、黑板、教材等一些硬件设施为基础的教学方法和手段。而现代教育技术，从字面上看只是多了"现代"两字，但意义却变得更加深远，它已经脱离了传统教学方式的束缚，向着现代化、网络化、信息化的模式发展，所以说现代教育技术是以信息技术为根本的，是通过计算机程序及网络信息来进行更深入的教学，为培养综合型、全能型的人才而服务的。也就是说现代教育技术更好地利用一些高科技的软件来为教师的课堂教学服务，把各种网络技术融入辅助教学当中，改变传统教学中"三点一线"的陈旧思想和观念，把多元化、多层次、全方位的新型教育平台展现在学生面前，给他们更多的学习资源，让他们学到更多的知识。

一、进行新型教学模式初探析的必要性

（一）教育体制改革的需要

我国教育体制经过几番改革与创新，目的就是要提高当代学生的适应能力，加强他们的政治素养，培养出专业性强、综合素质高的全能型人才，以此来增强学生的创造性能力和逻辑思维能力，另外对于他们的实践性操作能力和创新性能力也要进行一定的激发，使其走上社会以后，不论在哪个工作岗位都能成为德才兼备的人才，成为企业的骨干力量，为我国的经济建设起到推动作用。

（二）学校发展的需要

教育体制发展到一定的阶段，必定会出现一些不适应社会进步的状况，如传统的教学模式已经不能满足社会的需求及学生的需要，那么学校就要在此基础上进行改革，用新型教学模式来替代它，否则将会被时代的洪水淹没。而就当下的形势来看，高新、高端、高科技的互联网技术已经渗透到全国各个领域，而且被广泛地应用着。如果没有掌握网络信息的基础知识，学生将来走上社会后注定会被淘汰，所以学校在不断发展的道路上一定要结合我国科技水平，以现代化的教育技术来教育学生，让学生的学习能力适应新时代的变化，走在新时代的前端。

（三）学生自我成长的需要

在社会竞争越来越激烈的今天，我国学校的教育体制为培养社会所需要的人才而进行变革，这也就直接导致学校的教育技术要进行质的转变和飞跃，要进行新的模式的应用与创新，只有这样才能为当代的青少年服务，因为现代的青少年已经不同于六七十年代的年轻人，他们成熟较早，思想也较为独立，接触各类网络信息也较多，所以学生自身的需求也比较大，如果教师或学校还停留在陈旧的教学模式中，就会使学生感到无趣和反感，所以只有不断地把新型的现代教育技术进行修炼和融入，才能让学生在各种网络资源的熏陶下得以进步，迅速发展。

二、新型现代教育技术及教学模式

（一）利用网络化教学模式来进行现代教育技术的课程设计

随着我国信息化科技水平的提高，互联网已经进入千家万户，网络的应用给人类带来进步的同时，也给人们的生产和生活带来了一些困扰，尤其是一些不健康的网站对学生的侵害非常大，致使一些家长和教师谈起网络都会敬而远之，害怕学生会中了网络的毒，因此也使一些网络教学及应用模式很难开展起来。

1.把学生置于网络环境中让其学习

多数学生都有逆反心理，如果对他们进行强制性禁网，他们就会想方设法地用其他手段去玩一些网络游戏等，倒不如直接把他们置于网络的环境中，给他们一定的学习任务，让他们进行自主学习。当然，作为教师对于网络教学的设计一定要科学而合理，对于课程的安排更要劳逸结合，让学生在网络或多媒体教学的环境下学到更多的知识，同时也不能用过多的网络作业来浇灭他们学习的热情和对网络的热爱，这就需要对网络环境进行合理的布置，把教学模式分成不同的要素来进行，既要把网络当作教学活动的载体，也要让网络成为提高学生学习积极性和主动性的工具。

2.加强教师对教学过程的控制与监督

要想让学生在网络的环境中不迷路，首先教师必须对新型教学模式的设计做到尽善尽美，做好对网络教学与学生之间的利害关系等的前期分析工作，搜集与网络资源及教学相关的一些资料信息，对其教学的设计做好充分的准备，这样才能为教学的实施创造更为有利的条件，使教学设计的各个环节都能落到实处，也才能真正做到了解学生，根据每个学生的不同特质进行不同类型的课程设计及开发，让网络教学成为学生们的好伙伴。其次就是要做好课后的评价，教学过程的优劣只要经过评价就会变得一目了然，而且通过科学、合理、客观的评价不仅可以对教师的教学结果做出评定，还可以看出每个学生的薄弱环节，进而完善教学过程，革新教学设计，进行有侧重点的教学，完成教学任务。

（二）用网络化的教学模式来进行现代教育技术的实践

只有实践才能出真知，教师所采用的新型教学模式是不是真正有效，只有通过实践才能得以证明。作为教师一定要在新形势下适应新课程改革的需要，把沉闷的课堂变得生动、活泼，用新型的现代教育技术来激发学生的学习热情，用多媒体网络的新奇性来激发他们的求知欲，使课堂教学取得更好的效果。

网络教学情境化。处于学习阶段的学生虽然动手、动脑能力不太强，但他们却乐于参与、愿意动手，所以作为教师，要为他们创设各种学习的场景，让他们在其中做导演、做演员，在完成教材所要求的知识学习的同时，也能够锻炼他们的沟通能力，培养他们的发散性思维能力。比如，教师可以根据语文教材内容进行合理的情境安排，可以做演讲、分角色阅读或表演，只有将阅读教学放在一个网络化的大环境中，学生的阅读能力才能得以更好地培养和提高，才能为学生的语言素质水平的提高奠定基础，也可以从中汲取更多、更有价值的文学营养，把他们培养成为有文化、有素养的新时代接班人，同时也让课堂教学呈现出一片新景象。

网络教学生活化。多媒体教学的方式虽然可以激发学生的学习兴趣，但毕竟是虚拟化的，而情境教学也是教师在一定的环境中设计出来的，只有生活化的教学方式才更贴近学生，更深入学生，所以可以把网络教学的过程放在活生生的生活实例中去进行，实现网络与实际教学的合作性、开放性，使新型的教学模式能给予学生更多的乐趣和兴趣，提高他们的学习积极性和主动性，让他们快乐地学习、生活，健康地成长。

总之，21世纪是计算机网络信息化的世纪，是千变万化的世纪，是教育体制改革与创新的世纪。面对学校课堂教学传统教育手段的枯燥与单调，教育改革体制给教师们提出了更高层次的要求，要求他们改变教学模式，改善课堂环境，运用新型教学的方法与方式来调动学生学习的积极性，提高他们的创造性思维，实现他们学习的主体地位，使现代教育技术课堂变得更加趣味化、生动化、高效化和现代化。

第三节　现代教育技术的计算机教学模式

在促进教育技术实践以及应用的过程中，多媒体信息技术备受关注，多媒体信息技术符合时代发展的要求，能够更好地呈现教育模式的时代性、先进性及新颖性，促进教学质量不断提升，真正地推动教学资源的合理利用，教师也能够通过现代教育技术的有效应用来真正为学生创造良好的学习和成长机会。在推动新课程改革的过程中，现代教育技术与计算机专业教学之间的联系越来越紧密，许多教师开始结合人才培养的实质需求，以现代教育技术的应用为依据，不断地培养和提升学生的计算机能力，更好地推动计算机技术的进一步发展。

一、基于现代教育技术的计算机教学模式的优势

（一）实现师生之间的有效互动

我国素质教育和新课程改革明确强调，教师在教育教学实践的过程中必须要站在学生的角度了解学生的主体需求，积极地为学生提供力所能及的帮助，鼓励学生进行进一步的研究和探索，不断地促进理论教学和实践研究实践的紧密结合。在落实素质教育的过程中，师生之间的有效互动尤为关键，只有真正建立良好的师生互动关系，才能够在第一时间吸引学生的注意力，保证让学生与教师都能够实现相互发展和相互帮助，更好地促进教学质量和教学效率的稳步提升。在实践教学的过程中，许多教师以现代教育技术的应用标准为依据，计算机教学所涉及的内容和形式相对比较复杂，如果教师能够以现代教育技术的应用为切入点，积极地将不同的教学策略与现有教学内容的展现相结合，体现教学内容的生动性和形象性，帮助学生对教学内容有深入的理解，那么就能够真正为学生的个性化成长与发展提供更多的机遇。教师需要结合计算机控制以及现代教育技术应用的相关要求，引导学生掌握不同的计算机操作方式，提高学生的计算机操作和应用能力，保证学生能够掌握计算机应用的相关技巧。

（二）改变了传统的教学模式

传统的教学活动只关注教师被动灌输知识，学生无法在教师的引导下主动思考，这种机械性的填鸭式教学模式不仅严重影响了教学资源的优化利用和配置，还难以真正发挥不同教学活动的作用和价值，教师直接采取板书的形式对不同的内容进行呈现，其中语言讲解和知识传授在整个教学实践的过程中占据主导地位，学生只能通过学习笔记的形式对不同的知识进行学习，个人的主观能动性以及积极性严重不足。另外，结合相关的实践调查不难发现，以教师为主的教学模式不仅不符合我国素质教育的学制要求，还

导致学生难以掌握教学秩序中的核心和重点。在落实素质教育的过程中，现代教育技术与教学活动紧密联系和互动，教师可以调动学生的主观能动性，不断培养和提升学生的计算机操作能力，充分体现现代教育技术在计算机教学模式中的优势，更好地摆脱传统应试教育的桎梏，真正在尊重学生、理解学生的前提下为学生提供更多自主参与的机会，充分发挥教师的引导和组织作用，保障信息资源能够突破时间和空间的限制，促进学生的个性化成长以及全面发展。

二、基于现代教育技术的计算机教学模式

（一）基于互联网技术的开放式教学模式

首先，互联网技术在现代教育技术中的应用非常广泛，该技术的应用不仅能够促进教学质量的稳定提升，还能够真正发挥计算机技术的使用价值。与其他的信息传播模式相比，网络的共享性、开放性以及有效性更为明显，学生能够积极地利用不同的网络平台获取不同的知识，在整个学习实践的过程中个人的事业能够得到有效的拓宽。其次，网络能够有效地突破时间和空间的限制，尽量地避免传统课堂的桎梏，结合课堂人数、课堂地点以及教学实践的具体情况对不同的活动进行合理的安排，保证学生能够结合个人的实际情况了解不同的知识，真正地参与到学习过程之中，更好地满足个人发展的需求。教师则可以站在宏观的角度，在恰当的时间段为学生提供更多的引导和帮助，鼓励学生自主选择适合自己的学习方式和学习资料，促进个人学习能力和水平的综合提升。

（二）基于多媒体技术的演播室教学模式

现代教育技术所涉及的内容和形式相对比较复杂，不同模式所发挥的作用区别较大，多媒体技术在实际应用的过程中备受教师好评。与其他的技术相比，多媒体技术的应用范围较广，同时门槛较低，因此能够更好地吸引学生的注意力。在具体实践教学的过程中，教师可以在教学大纲的指导下提炼出其中的重点和难点，对不同的教学内容进行形象生动的展示，关注学生学习积极性的提升，更好地将不同的教学环节相结合。在对不同的多媒体技术进行应用的过程中，教师可以采取在演播室开展教学活动的形式来对现有的教学内容进行合理的设置和安排，不断地活跃课堂气氛，给予学生更多的帮助，激发学生的学习兴趣，让学生能够在自主学习和小组内部合作的过程中真正掌握计算机

学习的重点。

（三）基于虚拟实验室的模拟式教学模式

模拟式教学模式在新的时代背景下取得良好的效果，这种教学模式还能够弥补学生在想象力和逻辑判断力上的不足，真正实现理论教学与实践教学之间的紧密结合，促进教学质量的稳定提升。如果以现代教育技术为基础积极地落实不同的计算机教学模式，那么教师可以采取设置虚拟实验室的形式，将模拟教学活动与现实教学主题活动相结合，鼓励学生积极地在模拟实验室中进行主动判断，了解实验的全过程，真正掌握计算机的操作要求，促进个人实践动手能力水平的稳定提升。教师还可以借助这种模拟式的教学模式有效设置不同情境，实现抽象内容的具象化，更好地加强学生的理解和记忆，保证学生能够真正掌握计算机学习中的重难点。

以现代教育技术为基础的计算机教学模式在新的背景下产生了较大的变化，教师在计算机教学实践中，必须根据现代教育技术应用的相关要求，分析这一种技术对学生的影响和作用，积极地采取符合学生发展特点的现代教育技术，更好地推动计算机教学活动的有效开展，只有这样才能够更好地实现学生的个性化成长，突破传统应试教育的桎梏。

第四节　现代远程教育校园文化建设模式

现代远程教育的顺利发展与现代信息技术的发展密不可分，技术手段和技术创新无可非议，但一些学校对自己的角色认识不够深刻，仅仅是充当组织者和资源发布者，对远程教育建设没有提高重视，使校园文化遭受了严重缺失。

一、现代远程开放教育的校园文化建设

本节所说的校园文化是指在一般的教育活动中教育者与受教育者的互动关系，在特

定历史阶段被主流社会价值观认可的文化现象,这种文化现象客观上对社会文化起主导作用。校园文化是社会文化的一种,同时也来源于社会文化。

校园文化建设需要在扬弃中完善自己。现代远程教育中的校园文化是依附于现代远程开放教育平台而衍生出来的,并伴随着它,教育活动以相对稳定、规范的形式发展壮大。文化现象不仅具有传统校园文化的共性,也有自己独特的属性。现代远程开放教育校园的定义是一个异化的概念,是虚拟空间,与现代信息传播媒介共存。虚拟世界可以跨越时空和距离的界限,它的扩张、辐射、渗透和影响对我们来说是非常重要的,正在深刻地改变着人们的生活方式。所以要特别重视现代远程开放教育的校园文化建设。

二、现代远程教育中校园文化建设的不足

(一)现代远程教育校园文化处于两难的处境之中

1.远程教育的时空分离特征无法让师生切实感受到校园文化

现代远程教育时空分离的特征使得远程教育的师生们无法切实感受校园文化,接受校园精神的熏陶,并且由于师生不能面对面地进行交流,虽然传授给了学生知识,但是不能对学生思想品德方面产生潜移默化的影响。

2.远程教育合办难以体现母校教学特色和文化内涵

远程文化教育主要是通过与校外的学习机构进行双向教学活动,但大多数都是利益活动,没有形成真正意义上的精神共同体,并且不会主动带领学生参加校园举办的各种教育活动。

(二)现代远程教育存在轻重现象

1.重视远程技术创新,忽略校园文化建设

需要成立一支专门负责校园文化建设、有创新能力和组织能力、可以灵活运用现代信息技术的教师队伍;形成开放共享的工作机制,整合各种资源,成立一个虚拟建设团队,将优秀的人才引入团队,建立有效的激励机制,及时奖励表现突出和贡献大的个体。

2.重视学生人数扩张,忽视教学质量提升

作为终身教育的重要手段,远程教育应该重视学生素质的全面提高,但随着产业化

的进行，学校逐渐将追求利益作为最终目标，在招生时将学习优秀作为唯一指标，很大程度上忽略了教育质量的提升，进而也就忽略了校园文化建设。

三、远程教育校园文化建设缺失的原因

（一）文化设施落后，资金投入不足

学校在建设和规划过程中，优先考虑基础设施，忽略了校园文化设施，图书馆等建筑相比之下比较落后。无法满足学生的日常需求和愿望，限制了学生的全面发展。

（二）管理制度尚不成熟，制度文化还未形成

部分学校的内部管理制度和奖惩机制尚不健全，制度文化还未形成。许多制度的制定者只考虑实施的方便，而忽略了师生的实际需求。

（三）网络资源利用不足

远程教育对学生的自主学习能力、信息处理和获取能力都有很高的要求。学生在资源极其丰富的情况下，对信息的处理就会十分迟钝，相比于传统课堂的教学模式，远程教育对学生的学习能力要求更高，对于学习意识低的人，不能充分体现远程教育的价值。

四、如何加强现代远程教育的校园文化建设

（一）加强远程校园文化建设，必须打破传统教育的束缚

现阶段我国的远程教育模式没有深刻的定位，需要对自己的存在价值有进一步的认识。不必根据文理进行专业划分，可以按照专业的知识系统、技能的熟练程度、特殊地区特殊人群的特殊需要，灵活地设定课程，合理编写教材，按照实际社会需要进行远程教育。

（二）加强远程校园文化建设，必须打破产业经营管理的因循守旧

教育作为提高国民素质的重要战略，不是权宜之计，而是一项重大的事业。建设好远程教育，必须更新老旧的经营观念，努力与科学发展观接轨，与改革开放相适应，与全面建设社会主义现代化国家的目标相一致。远程教育的主管部门，应该实施一套新的评估标准，这个标准不能以经济收入和人数规模为参考，需要以社会需要为导向，对招生人数、授课种类和内容进行科学评估。摒弃"向钱看"的观念，努力做到不以营利为目的，只有彻底解决资金的问题，才能丢掉之前的种种陋习，才能走出官本位的思想，才能革除恶性竞争和虚假繁荣的缺点。

五、现代远程教育下的校园文化建设

根据现代远程教育的特点，现代远程教育校园文化建设主要表现在以下五个方面：

（一）建立虚拟校园文化建设队伍，完善远程教育机制

人们在社会的发展中越来越多地认识到远程校园教育与传统校园教育文化有着共同的特征。远程校园教育对于教育也有着独特的作用，并对远程教育及其建设作了一系列研究。

（二）做好虚实结合，虚拟现实两手抓

在信息化时代，一个学校想要建设好，既要注重现实世界的发展也要注重虚拟世界的建设，学校的网站建设直接关系到该学校的思想建设和文化风气。远程教育就是以网络平台为重要依托。因此，要加强网站建设，使网站拥有特色和吸引力。在实体方面，支持学院开展各种文化活动，由学院牵头，相关学习部门大力协助，积极开发远程教育精品项目，切实增强远程教育文化的建设成果。

（三）打造优秀网络媒体，注重人文素质培养

校园积极的学术活动和科技创新将激发师生的智力、能力、创造力和学术发展。良好学术环境的形成将对校园生活主体的思维方式、行为方式和生活方式产生积极影响，并形成紧张有序的工作氛围。因此，现代远程教育校园文化建设的重点是在教学过程中

随时拍摄丰富多彩的师生互动、社区活动和日常生活等校园生活，然后通过精心编辑以多媒体的形式在互联网上发布，从而使学生在微妙的影响过程中形成价值取向、行为规范的共同趋势和对生活诚信的共同追求。这不仅可以提高人们的品位和教育，还可以重建健康的人格，培养独立和自由的意识。

（四）建立动静融合的校园文化形态

给予静态的校园网站以活力，远程教育的基本形态就是网络自主学习，因此做好网站的文化建设对远程教育必不可少，所以应该将网站做得更加充实，让虚拟的网站内容变得丰富，让学生领略到特有的人文精神和学习氛围，增强自我认同感。

互动的网上活动会给学生一种身临其境的感觉，充分调动学生的积极性，并且可以通过建立网上诗歌群、摄影爱好群等组织来加强学生之间的相互交流，还可以在网上开设报告会，使学生在网上丰富自我，感受到浓厚的学习氛围。

远程教育中寓教于乐是非常重要的一个部分，可以借鉴部分网络游戏的模式，让学生在游戏中获得知识，使学习融入游戏中，建立集体聊天室，学生可以通过语音等网络途径进行交流，促进学生之间的交流，相互学习，共同进步，让学生在远程学习中不那么孤独，锻炼学生的沟通能力，提高学习兴趣。

（五）构建激励性教学平台实现自主学习监控

提高远程教育的质量十分重要，因此，我们应该建立学习激励的教学平台，对学生进行全过程监控。可以避免学校的一些规章制度导致学生产生逆反心理。通过激励平台，将被动学习变为主动学习。同时，应该采取宣传策略，及时在教学平台上体现各项规章制度。这不仅能增加教学管理和学校管理的透明度，使学生有必要的知情权，而且使学生随处可见，起到加强宣传的作用。

校园文化的建设和形成十分艰难，它需要一个长期的积累过程，更重要的是，我们需要有意识、有目的地促进和建设校园文化。我们需要有一种坚持不懈的精神。文化建设是一门新学科，需要我们以极大的热情、严谨的态度和有前瞻性的眼光，在理论和实践的基础上积极探索，使现代远程教育中的校园文化建设达到一个新的水平。

第三章　现代教育教学技术创新

第一节　现代教育教学技术创新——VR 课堂

一、高校 VR 课堂的教学实践

VR 技术在高校教育教学中的应用途径多种多样，主要应用于日常性的课堂教学、多样的实验教学课程以及数字图书馆的建设等方面。VR 技术的广泛应用，极大地提升了学生的学习兴趣，完善了教学环境。VR 技术已成为高校高效率开展工作的重要组成。

（一）高校 VR 课堂教学的应用

VR 技术在高校基础教学中的应用主要集中在两个方面：基础的课堂教学和实验教学。

（1）VR 技术在课堂教学中的应用

课堂教学是高校教育教学的主要方式，也是最基础的方式。当下多媒体教学已经普及，但是这种以二维图像为主的多媒体方式更能吸引学生的注意力，激发学生的热情。VR 技术能够将现实世界进行多维的信息化呈现，将其应用到课堂教学中，可以丰富教学内容，同时这种新颖的技术可以吸引学生的注意力，提高学习的积极性。比如，在学习建筑结构相关知识的时候，VR 技术就可以发挥自身优势，构建一个多维立体的建筑模型，教师可以根据教学需求，将虚拟的模型通过计算机进行改变，学生可以有身临其境的感觉，从而加深对知识的认知与理解。VR 技术可以将枯燥的课堂变成生动有趣的课堂，提高课堂的教学效率。

第一，课堂教学的技能训练。技能训练一般需要对简单的工作进行反复练习，以达到熟练程度。根据 VR 技术的特点，其具有显著的交互性与沉浸性，因此将其融入技能训练，将有利于学生专注地置身于虚拟环境模拟出的训练场景中，通过与虚拟场景交互来实现技能训练。如在医学领域中，学生可以通过虚拟交互系统模拟出的手术场景，操作完成一台手术，期间可以虚拟出手术过程中的任何一种细节，学生通过这种实践教学，不但能够进行反复练习，而且真实模拟了现实情况，同时又不存在风险。

第二，课堂教学的探索学习。VR 技术与传统实践教学工具不同，它不存在材料的消耗和维护，可以在课后向学生开放，促进学生自主实践的兴趣，在实践过程中不断提出自己的条件假设，并对此进行模拟验证，从而培养对虚拟交互系统的实践探索能力，促进学术进步。比如，对于电子与电气相关学科，学生可以在不购买和不消耗任何电子器件的基础上，在虚拟实验环境下搭建自己设计的电路，并进行可行性分析；对于环境领域的学生，只需要在虚拟实验环境中搭建出温室效应的模型，便可以完成温室效应的影响因素分析。总之，基于 VR 的交互系统与高校实践教学相结合，能够提高学生对于学科领域的学术探索精神。

（2）VR 技术在实验教学中的应用

VR 技术在实验教学中的应用，可以发挥 VR 技术的交互性特点，实时为学生提供有效的实验数据，指明实验操作步骤，解决学生在实验中的困惑。教师在这一教学过程中，可以通过 VR 技术实现对学生的针对性指导，提高实验教学的效率。学生在虚拟教学环境下，可以通过实验数据资料的指引完成实验操作，提升自身的实验水平。

高校实验教学作为教学与生产、社会实践紧密结合的环节，既是 VR 技术的潜在重要使用者，同时也是 VR 内容的重要提供者，并可能成为 VR 技术研发的重要引领者。因此，高校实验教学应对 VR 技术发展的策略应当是：根据自身发展的实际情况，积极、主动适应新技术革命的变化，以开放。适应、引领的态度和行动去面对 VR 技术对教学的影响。

第一，厚植基础，继续推动高校开展实验教学领域的虚拟仿真项目教学改革。全国高校已经建设了几百个国家级虚拟仿真实验教学中心，覆盖了大多数部属高校和一大批地方所属高校。省级教育行政部门也开展了省级虚拟仿真实验教学中心建设工作，建设数量约为全国层面的两倍。按照平均每个虚拟仿真实验教学中心建设几十个虚拟仿真实验项目估算，仅获得省级和全国层面认可的虚拟仿真实验教学项目就有几万余项。在现有基础上，高校应继续根据自身的教学实际需求，按照问题导向和目标导向的原则，创造性地开展虚拟仿真实验项目建设。

第二，优势共享，以搭建在线开放虚拟仿真实验项目平台为契机助推优质资源共享。在线开放虚拟仿真实验平台建设，就目前来看，在全球范围内还没有类似的集成式平台，属于集成创新的范畴，也属于中国特色高校教育管理的优势领域。平台建设要注重顶层设计，坚持成熟一批、推出一批，确保推出的实验项目已经在学校、区域或行业内试点，并获得基本认可。坚持符合专业实践教学发展方向，对于不能很好反映教育教学规律、不能体现专业教学需求、不能适应时代发展的实验项目，不进行平台支持。坚持创新驱动，鼓励与行业、企业合作共建共享，推动教学形式创新、技术创新、组织模式创新等各项创新。坚持互利共赢，确保集成平台与分布站点之间保持平等互利关系，确保实验效果和网络通畅。注重科学分类，体现平台为学生服务、为高校服务的目标。可以考虑按照专业类型进行分类，如工、农、医等，也可以细化到专业类；可以按照区域进行分类，如华北、东北等，也可以细化到省份，甚至到达市级层面；可以按照技术类型进行分类，如虚拟类、仿真类、增强现实类、增强虚拟类，也可以按照实现技术，如软件类、硬件类等进行分类；可以按照实验类型进行分类，如演示性、验证性、综合性、设计性等。总之，分类的目标是实现多维度的快速检索，提供更为便捷的服务。要注重规范建设，为实验项目可持续发展奠定基础。在平台建设初期，要注重对外展现和使用的统一化，进一步要注意虚拟仿真技术的接口统一化，逐步实现虚拟仿真实验开发标准的统一。

第三，主动介入，以高校实验项目的使用为需求引导中国虚拟现实产业发展的方向。美国高盛集团发布的报告显示，2025 年 VR 教育市场规模将达到 7 亿美元。根据以往的历史经验，信息技术对教育的投入，往往可以带动其他行业实现十倍以上的营业收入。高等学校实验教学领域可以从供给和需求两侧综合发力，实现高校教育与 VR 产业发展的深度融合，体现高校人才培养、科学研究和社会服务的综合功能。

从供给侧看，高校实验教学基于已有的虚拟仿真实验项目研究，可以为 VR 技术的发展提供技术支撑；同时，作为现代信息技术人才培养的主要基地，高校实验教学承担着培养 VR 技术研发人员的重任，可以为产业发展提供人才保障；最后，高校实验教学领域是虚拟仿真教学内容的重要提供方，也是解决 VR 产业应用内容初步设计和研发的主要承担者，通过将教学内容在更大范围推广与应用，促进"VR+"相关产业的发展。

从需求侧看，高校实验教学是"VR+教育"的具体使用方。需求决定供给，有效的需求将引导供给的方向。因此，高校实验教学改革要关注 VR 技术的发展，注重 VR 技术与人才培养的深度融合，注重理顺生产实践和社会发展的虚拟实践与真实实践的关系。

从长远发展来看，VR 技术的兴起、发展，将会对未来高校教育的教育教学形态产生越来越重要的影响，高校实验教学研究和改革人员要从提高人才培养质量角度出发，对 VR 技术可能产生的技术革命保持高度关注，并积极介入其中，推动和引领整个高校教育教学与现代信息技术的深入融合。

（3）VR 技术在高校实训教学中的推广

第一，前期投入成本。尽管近几年 VR 技术得到了迅速的发展，但 VR 设备及其软件开发的成本还是比较高的。如果高校在实训教学中引进 VR 技术，需要的设备数量不是一个小数目，引进初期仅在设备购置这一项的投入资金就是相当大的。

第二，场景的建模。VR 设备的使用需要虚拟场景的支撑，而虚拟场景的开发离不开虚拟现实建模，所以在实训教学中，如何根据实训教学的需要建立合适的模型成为该项技术应用的重要前提。面对不同的学校、不同的专业、不同的教学目的，实训的种类繁多，根据不同的实训内容构建不同的 VR 实训模型。

第三，统一标准，共享平台。VR 场景的开发是一项复杂的工作，如果每一个高校都根据自己的要求来开发 VR 相关的实训教学内容或系统，从全国范围来看，就会造成资源的浪费。可以由政府牵头规范，制定一个统一的 VR 教学开发的标准，全国范围内的高校可以合作共同开发，并构建共享平台，这样不仅能节约教学资源，而且能节省开发时间。

第四，VR 技术应用在实训中的教学设计。VR 技术不断革新，在教学实践中为了能够让学生及时了解和掌握这些技术，更好地理论联系实际，并做到与时俱进，高等院校在实践教学中应引入虚拟现实技术。

以物流仓储实践教学为例，具体教学课程设计如下：

①实训前的理论教学。在进行实践教学之前，需要先让学生了解物流仓储系统，仓储是一个系统工程，大致分为入库、盘点、分拣、包装、出库等。先把学生分为几个组，分别对应这几个作业流程。让每个组的学生都认识一下各个流程，为实训打下理论基础。

②虚拟现实教学。利用 VR 技术，展示某仓库的布局及其设施，通过预先的设计，学生可以通过触摸按钮，对某一设备进行更具体的观察和认识，并进行比较。每一个设备都会配有对应的说明以及注意事项，从而让学生对仓储有个大致的直观认识。

③安全教育。虽说是虚拟现实环境，但也要按现实生活中可能遇到的非安全因素，对学生进行相关的安全教育，利用 VR 技术先让学生身临其境地观看易出现状况的环节

和出现状况后正确的应急处理方式。这样才能在学生遇到实际情况时，知道该如何处置。

④实操训练。按之前分好的组别，模拟某电商仓库的日常运营（训练主题不仅限于此）。在进行模拟实训的过程中，对学生出现的违规操作以及不安全的操作，可以在操作的界面引入警报系统。当出现这些操作时，界面就会出现红色闪烁报警，提醒学生出现错误，并会扣掉相应的分数，同时也会设有加分环节，来表扬那些操作得当和娴熟的学生。

⑤实训总结。在模拟实训结束后，系统会根据每位学生在实训过程中的表现，进行评比打分，并打印出实训成绩单，包括最终的分数和扣分的原因。实训结束后，学生要根据成绩单和实践训练写实训报告，交给指导教师，并由教师给予指导建议。

（二）VR 技术在高校数字图书馆中的应用

图书馆是高校学生重要的综合性学习场所，图书馆的数字化建设是符合现代化知识教学要求的。高校数字图书馆信息技术的引入，便利了学生的借阅，在一定程度上改善了学生缺乏阅读兴趣的问题，但是初步的信息化并未将图书馆在高校教育教学中的主体地位凸显出来。VR 技术在高校图书馆的应用，则可以有效地提升学生在图书馆学习知识的意识。VR 技术可以将图书馆资源全面、立体、真实地呈现，可以为学生提供丰富全面的参考资料，提高学生阅读学习的主动性。

二、AR/VR 技术对高校教育教学模式的改革创新

（一）AR/VR 技术对高校教育教学模式改革创新的影响

AR 通过计算机技术将模拟的信息叠加到真实世界，真实的环境和虚拟的物体实时融合到同一个画面中。

AR 允许用户看到真实世界以及融合于真实世界之中的虚拟对象，因此增强现实是增强了现实中的体验，而不是替代现实。

AR/VR 对于促进教育发展，增强学生的注意力和学习兴趣具有明显优势；通过师生的双向交互，提高学生沉浸感和想象力，使学习的深度、广度有所增加；在教学情景创设、学习模式创新方面、AR/VR 创设探究与体验情境，学生由被动学习变为自主学习、体验学习、探究式学习，显著提高学习效果。

　　高校教育教学模式的改革一直与信息技术息息相关，从传统的课堂教学手段到图文教学，再到多媒体教学，以 AR/VR 为代表的可视化技术教学，必将对教育影响深远，已经成为教学发展和改革的新方向。

（二）AR/VR 技术对高校课堂教学模式改革与创新的内容

　　教学模式是指在一定教学思想或教学理论指导下建立起来的较为稳定的教学活动结构框架和活动程序。教学模式的框架结构一般包括教学思想或教学理论、教学目标、操作程序、师生角色、教学策略和教学评价等因素。不同的教学理论、教学目标、师生角色等都会形成不同的教学模式。作为结构框架，突出了教学模式从宏观上把握教学活动整体及各要素之间内部的关系和功能；作为活动程序，则突出了教学模式的有序性和可操作性。AR/VR 技术在教学中的应用会对教学目标、师生角色、教学策略、教学评价等因素产生一定程度的影响，增强学生的主观能动性和创新能力培养，对高校学生的学习兴趣具有提升作用，从而提升高校课堂的教学效果。

1.重构教育教学理念

　　传统教学理念是教师教、学生学，一般的过程是教师先教授理论知识，学生再到实际环境中体验和应用。AR/VR 技术具有沉浸性、构想性和交互性，使得学生的学习具备了情境认知特性。情境认知理论认为，大多数知识都是人的活动与情境互动的产物。如果能为学生提供接近于真实的学习环境或仿真情境，对提高学生学习热情与对所学知识的理解和掌握大有益处。AR/VR 教育思维不是告诉学生什么叫知识，而是让学生自己尝试直接体验知识，从学习知识到体验知识是一种学习方式的转变。在 AR/VR 技术下的教学中，学生通过虚实结合，与场景互动，变被动学习为主动探索学习，改变了教学思维和形式。

2.改变教学目标

　　在传统教学中，教学的主要目标就是教师教授学生知识。AR/VR 模式下的教学可以通过学生的互动操作、师生互动等方式促进学生主动参与和自主学习，其主要目标是通过体验式学习提升学生的学习兴趣以及加深学生对知识的理解，提升课堂教学效果。

3.操作程序的改变

　　每一种教学模式都有着其对应的操作程序和逻辑步骤，即围绕课堂师生先做什么，后做什么。在传统课堂中，操作程序更多的是针对教师来说的，是教师如何安排组织课程的讲授、测评等过程。AR/VR 模式课堂教学中，互动教学环节会增强，有时候课堂必须要学生互动参与才能完成教学任务，课堂测试等环节的运行形式也与传统课堂有较大变化，整个课堂的教学程序发生了改变。

4.师生角色转变

传统教学的普遍形式是教师在讲台上讲，学生在下面听，课堂总是以教师为中心，这种形式导致学生没有自我性，认为课堂跟自己无关，通常在课堂上做自己的事，听课效果不好。AR/VR 模式下教师可以针对不同的学生设计不同的内容，提出不同的要求，往往要求学生互动完成，这样的课堂更多的是围绕学生来开展，以学生为课堂的主角，教师作为引导者，这种师生角色的转变可以增强学生课堂学习的积极参与性。

5.教学策略的变化

教学策略是指在教学过程中，为完成特定的目标，依据教学的主客观条件，特别是学生的实际，对所选用的教学顺序、教学活动程序、教学组织形式、教学方法和教学媒体等的总体考虑。在 AR/VR 技术支持下，教学活动不再都是以教师的教为主，更多的是围绕着学生的学展开，教学的组织形式和教学方法也会发生改变。

6.教学评价方式的改变

在传统课堂中，一个教师对多个学生，教师对于学生的课堂评价比较难以实施，特别是个体学生的评价。在 AR/VR 教学环境下，教师可以通过学生的交互活动，AR/VR 教学系统自动实现对学生的个体评价。如在叉车结构知识点学习中，可以设置一个叉车结构的测试题，让学生自己动手选择，系统自动判断正误，实现对学生知识掌握情况的测试。此测试可以同时对所有学生进行，解决了传统课堂教师提问学生受时间限制的问题。

教学评价是双向的，除了教师考评学生，学生也可以及时反馈教师的教学效果，以便教师清楚地了解学生对知识的掌握情况，在后续的讲解中有所侧重，从而提升课堂教学效果。

第二节　现代教育教学技术创新——慕课

一、高校基于慕课的新型教学模式探索

当前，基于慕课的教学模式日益渗透我国高校教育的课堂，慕课的教学理念也推动着我国高校教育人才培养方式的转变。"慕课来潮"对高校培养人才和实现内涵式发展是一个难得的机遇。对此，慕课有哪些优势，是否适用于高校的教学，高校如何构建基于慕课的新型教学模式，值得深入探讨。

相对于传统课堂教学模式和一般的网络课程，慕课主要具有以下两个方面的优势。

1.慕课带来广泛的、优质的、模态化的教育资源

现开设的慕课突破了国际和校际壁垒，并不局限于传统的学科，而更注重课程的综合性、实用性和普适性，既有涉及国际前沿的理论课程，如"博弈论"；又有应用型和通识类的课程，如"英文写作""食物、营养与健康"等。

在慕课中，教师讲解环节主要通过视频实现。慕课的授课视频一般经过师资团队反复研究制作而成，大部分视频的主讲是名校名师，专业师资团队对专业知识的讲解一般比单个教师课堂讲授的质量更高。慕课课程的设计能够突出每门课程的特色，课程教学内容主要以模块的形式呈现。通过约 10 分钟的微视频把知识体系分解为单元模块，突出知识要点，这有利于学生集中注意力和利用碎片化时间学习和理解。

2.慕课体现了以学生为中心的教育理念和教学模式

（1）慕课能够兼顾学生学习能力个性化的要求

传统课堂主要以教师为中心，教师按照一个版本，面向学生群体统一授课，这难以照顾不同学生个体的能力差异。在慕课中，学生可根据自己的学习能力自主选择课程内容和难度等级，自主调节学习进度，如果遇到难点或外文课程的语言障碍，可以回播教学视频继续学习。这种个性化的学习方式有利于增强学习效果。

（2）慕课能够满足学生学习方式多样化的需要

在慕课平台注册的学生可通过多个社交网站、论坛，运用多种社交媒体与教师、同伴讨论和交流，形成"师生互动"和"生生互动"，共同解决学习问题。学生在慕课平台中可通过授课视频内嵌测试、在线测试、线下作业等多种方式加强训练；可利用在线教材注释、在线虚拟实验室、可视化游戏等软件辅助工具做课程笔记和模拟实验；可借助教师评价、同伴评价、自我评价所构成的多元化评价方式审视自身学习效果和不足，以便总结提高。

（3）慕课让学生在学习时间和地点选择上更具有灵活性

在传统课堂中，学生修读课程需在规定时间到指定课室听课或做实验。而慕课课程在时间安排上相对灵活，也没有固定的地点。学生可以自我计划和管理学习时间，主动营造良好的学习环境。

二、慕课的适用性

慕课的到来为我国高校教育人才培养模式的改革提供了一个很好的机遇，但我国高校在把慕课运用到教学实践的过程中需要考虑慕课的适用性，因地制宜，针对不同高校、不同类型学科课程采取不同的实践模式和应用策略。

（一）不同类型高校可采取不同的应用慕课的策略

对于国内一些综合性研究型高校，在利用国际慕课资源的同时，可开发一系列品牌课程参与到国际慕课平台之中。对普通本科院校和职业院校而言，其策略以吸收、引进和利用国内外慕课资源为主，利用慕课资源实现内嵌式教学课堂以提高教学质量；再根据高校自身的学科优势选择性地开发一些特色专业类或技能型的慕课课程，参与到全球慕课平台中去。

（二）慕课对不同学科课程的适用性不同

慕课在技术和制度设计上尚不成熟，高校教育不同学科课程有不同的知识结构体系和不同的思维能力要求，因此慕课对一些学科在教学过程中的应用有一定的限制性，并非适合所有学科课程的教学。慕课的学科课程适用性具体表现在：一是慕课本质上属于网络课程的范畴，对于理论课程的教学，可以借助慕课实现优质教育资源的共享，优化教学设计，提高教育质量。但对于实践课程，慕课的实用性并不强。实践课程更多地需要学生现场做实验、实地调研等才能有效培养学生的操作技能和实践能力，而慕课难以实现实地操作和现场体验。即使有些慕课课程试图用虚拟实验室来模仿实验，学生也不能获得如化学实验所释放气味的真实感受。二是慕课更多地应用于以结构化知识传授为主的程序化的学科课程，对于高阶数理推导和逻辑思维训练的学科课程的适用性较小。三是目前慕课的授课语言以英语为主，少数课程配有中文翻译字幕，因此对于外语类课程和双语教学的课程而言，慕课是十分合适的教学资源，学生通过慕课既可以学习地道的外语，又可以汲取专业知识。而对于其他课程，慕课的大范围应用还有赖于中文慕课的开发。

三、高校慕课应用教学模式的构建

慕课具有优质教育资源和先进教育理念的优势，而实体课堂又弥补了课堂难以督促学生、无法面对面交流和开展实践活动等不足。因此，将慕课与实体课堂相结合才是有效应用慕课推动教学模式创新的可行途径。对于高校而言，慕课与实体课堂结合的主要形式是将慕课作为课程主体内容，构建翻转课堂；或是将慕课作为课程的强化与补充，形成混合式学习。所谓"翻转课堂"是把传统课堂的"先教后学"模式翻转为"先学后教"的新型教学模式。在上课前，学生独立完成对教学视频等教学资源的学习；在课堂上，学生在教师指引下进行作业答疑、协作探究和互动交流等活动。混合式学习在形式上是在线学习与面对面学习的混合，在内容上涵盖多种教学理论的混合、教学资源的混合、教学环境的混合和教学方式的混合。当前促进高校课程教学改革的一种有效路径是突出资源整合和教学互动，充分利用慕课课程资源，将慕课与实体课程相结合，建立基于慕课的翻转课堂和混合式学习。具体而言，高校可着力构建"课前设计、慕课学习、课堂互动、实践拓展"四位一体的慕课应用教学模式。

（一）课前设计

在课前设计阶段，由任课教师事先设计课程的体系结构、筛选合适的慕课资源、制作教学视频、提供预习资料，给学生在之后的慕课学习和课堂互动阶段提供导航。课前设计是慕课应用教学模式必不可少的阶段。由于慕课平台所提供的课程并没有严格的课程体系结构，教师在开课之前告知学生关于课程的体系结构和相关的基础知识，可让学生对课程有一个整体把握，避免学习后形成"知识碎片"。由于慕课的课程比较多，而学生对课程的甄别能力有限，且不同学生的能力层次和学习需求存在较大差异，教师在课前设计中筛选合适的慕课课程推荐给学生学习，并为学生设计不同的学习路径以供选择，可帮助学生选择适合自身学习能力和学习需求的优质慕课课程。

（二）慕课学习

在慕课学习阶段，学生根据教师课前布置的学习资料，自行观看必修模块的慕课教学视频和选择性地学习选修模块的慕课教学资料，并完成相应的作业，以便对课程新知识有一定的了解，找出疑难之处。该阶段的学习一般在课外完成，学生可根据个人情况适时调整教学视频学习的进度，遇到授课语言障碍或知识难点，可反复播放视频或查阅相关学习资料，以便加深理解。在慕课学习阶段，学生可以自控式地深度学习，获得个性化的学习体验，完成"知识传递"的过程，该阶段的"先学"是实现下一个阶段课堂互动"后教"的基础。

（三）课堂互动

课堂互动是基于慕课的翻转课堂教学模式的核心，是真正实现"以学生为中心"的课堂组织过程。在课堂互动阶段，学生在教师的引导下，进行作业答疑、小组讨论、协作探究等学习交流活动。学生的学习过程一般由"知识传递"与"吸收内化"两个阶段组成，在慕课学习阶段学生完成了"知识传递"的过程，而在课堂互动阶段的主要任务是促进知识的"吸收内化"。如对于经管类课程，知识的吸收内化侧重通过问题讨论和案例分析等方式促进知识的综合应用；对于外语类课程，则侧重语言的"输出"练习；对于理工类课程，吸收内化主要是通过实验和方案设计等方式验证原理并在实践中运用。

课堂互动的主要活动包括作业答疑、小组讨论与展示、反馈评价等。在作业答疑中，教师首先根据课程大纲内容，针对学生观看慕课视频和课前预习中提出的疑问，总结出有代表性的、有探究价值的问题；然后教师在课堂上给予学生答题思路和方法指引，由学生独立或师生共同完成作业的解答，并在作业解答和知识点梳理中达到化零为整、知识融通的教学效果。在小组讨论与展示中，学生组成小组，根据教师设置的问题、案例、场景等，开展小组讨论，通过辩论、案例分析等方式探究问题，并通过团队报告、小型比赛等形式展示小组学习的成果。这种协作学习的方式能够增进学生间的合作，提升关联体验，弥补线上慕课学习缺乏情感交流和社会关联的短板，增强学习效果。对于反馈评价，在课堂互动阶段，需要通过教师点评、同伴互评、学生自评等方式，对学生之前是否自觉完成慕课学习、是否掌握基本知识要点、是否积极参与小组讨论、团队成果展示水平如何等进行多维度的评价，以便达到"以学定评""以评促学"的效果。

（四）实践拓展

高校实施慕课的翻转课堂和混合式学习模式的最终落脚点是学以致用，培养应用型人才。课前设计、慕课学习、课堂互动和评价考试并非课程构成的全部，而实践拓展也是该教学模式下课程教学的重要一环，是课堂教学的延续。实践拓展阶段以成果分享、技能竞赛和社会实践为着力点。由学生团队根据自身对课程内容的理解和学习感悟制作成视频等形式的作品，上传至网络平台，与同伴分享课程学习的成果，通过学生对知识的再创造，加深其对新知识的理解。师生根据课程内容共同开展相应主题的竞赛、调研、实验等实践活动，并计算相应课程的学分和学时，以达到训练学生的应用技能和提高其创新能力的教学目的。对于经管类课程，可采取企业调研、社会调查、沙盘演练等。对于外语类课程，可开展英语演讲比赛、英语情景剧比赛、担任兼职翻译等。对于理工类课程，可让学生参与新实验开发、新产品设计、小发明制作等进行实践拓展。

总之，慕课的引入一方面提供实用性较强、覆盖面较广的教育资源，更大程度地满足高校培养应用型人才的需要，同时也弥补高校优质教育资源缺乏的短板；另一方面，慕课的引入也带来先进的教育理念，这种教育理念强调"以学生为中心"，注重学习能力的培养。

在这种教育理念的引导下，构建慕课的新型教学模式，是推动高校教育教学改革和实现应用型人才培养目标的有力举措。

四、高校慕课教学的改革

慕课的快速推进，给高校的课堂教学改革带来了新的机遇和挑战。这就要求管理者要搭建更高效的资源共享平台来促进课堂教学。教师需要重建课堂教学理念，确立新的教学目标，重新组织课堂教学过程并更加注重过程化、多元化的考核方式。与此同时，教师要做好由统一化培养到个性化培养的转变，由课堂教学到多平台教学的转变，由单向教学到多向互动的转变，由人工教学管理方式向智能化教学管理方式转变。

（一）搭建有效平台，促进资源共享

慕课是与现代教育技术紧密结合的产物，慕课下的课堂教学改革需要凭借平台来运作。目前，慕课运作平台主要有公共的开放平台和校内网络教学平台，搭建好两个平台有助于教学资源的整合，有助于课堂教学改革的顺利推进。

1.搭建慕课联盟平台

对于高校教育发展来讲，建立高效、共享、优质的教学资源合作机制，开展慕课建设、推动课堂教学，将有助于提升高校教育整体发展水平。在搭建慕课联盟平台的过程中，要改变过去的观念；达成推动共建共享慕课机制这一工作共识；制定参与慕课共建共享的有关规章，形成和构建相应的共建共享机制。

（1）铺垫平台基础

首先是政策基础。政府需要在政策上给慕课资源共享提供保障，特别是制定学分互认政策，协调学分互认关系，并确定慕课在教学中应用的比例。其次是技术基础。各高校慕课建设应执行国家相应标准，实现平台的交互操作，建设的慕课能够在不同高校的平台上顺利运行。最后是教学基础。教学的基本内容和基本要求应达到一定程度的规范和统一，为学分认证奠定基础。

（2）丰富平台资源

首先，盘活现有资源。各高校现有的精品课程、资源共享课程、教学设计与创新课程、双语教学课程等课程建设项目，前期进行了大量的投入和建设。这些项目虽然已经完成了阶段性使命，但仍有开发利用的巨大空间，根据慕课建设要求和技术标准对以上相关课程进行改造，充实到平台中去。其次，引进优质资源。目前很多慕课资源平台提供了大量优质慕课资源，在尊重知识产权的基础上，通过协议等形式把这些资源课程嫁接到高校慕课平台上去，使学生通过一次身份认证便能够学习到更多慕课平台上的课程。最后，自主开发资源。鼓励高校自主开发慕课。尤其是在平台运行初期，对高校中的选修课、公共课等共性较多的课程加大扶持开发力度，为高校校际慕课学分互认积累经验。

（3）提供平台保障

首先，处理好"权""利"关系。在平台上运行的慕课存在着知识产权和利益分配等相关问题。这就需要签署《联盟高校慕课学分认证协议》《联盟高校慕课学分收费协议》等相关协议，以及制定《联盟高校慕课制作规范》等相关制度。平衡好教师、学生、学校和平台提供者之间的"权""利"关系，以保障慕课资源共享机制长效运转。其次，成立慕课评估组织。政府可以委托某一高校牵头成立慕课评估机构，对纳入平台的课程，组织各方面专家进行评估。尤其是教学大纲、课程目标、授课内容以及对学生应掌握的知识、技能以及应达到的水平进行信誉等级评定，为课程学分认证提供参考。最后，建立协调机制。政府是协调慕课商业化的有效保障，在校企合作过程中发挥着助推作用，也能够敏锐地把握慕课在企业、高校之间的关系。所以，政府应该对慕课平台进行统筹管理。

2.加强校内网络教学平台建设

在国家和各级政府的财政支持下，目前国内大部分高校都建立了网络教学平台。但从目前运行来看，需要加强以下三个方面的建设。

（1）加快网络教学平台数字化对接

高校内的图书馆信息系统、财务缴费平台、教务管理系统、毕业设计平台、网络教学平台等多个与教学密切相关的系统（平台）分属于不同的管理部门，由不同的公司开发与维护，技术参数标准不尽统一，造成师生身份认证重复操作，为教学和管理带来诸多不便。校内网络教学平台应及时和校园数字化平台对接，共享相关数据信息，使教师上课、学生学习以及其他信息查询都可以在一个身份认证下完成。

（2）加快网络教学平台的运用

首先，加强宣传。通过多途径宣传网络平台的优势，发放平台使用手册，并有针对性地开展培训工作，让更多的学生知道并使用平台。其次，出台使用网络平台相关鼓励政策。教师在网络平台上开放慕课或进行相关的课堂改革，耗时耗力，对技术要求高，学校应给予一定的资助或奖励。最后，给学生提供便利的网络学习条件。实现校园网无线网络全覆盖、便捷的活动桌椅讨论教室、快速的机房上网服务等。

（3）加强网络教学平台管理

一个合格的网络教学平台需要一套系统的管理模式，才能保证平台的平稳运行。首先，制定和完善相关管理制度。学校要出台《网络教学平台管理办法》等相关制度并及时更新制度内容。其次，及时更新课程资源。及时了解网络技术与课程资源的发展动态，实时引入和更新网络课程资源。再次，做好网络教学平台管理服务工作。做好平台设备的日常维护、使用管理，及时排查故障，确保平台始终处于正常工作状态。最后，做好网络信息安全工作。严格执行课程准入制度，定期巡查入库课程内容，防止无关信息的渗入与传播。

（二）强化过程评价，注重实际效果

传统的课堂教学改革多以公开发表论文、提交研究报告作为改革的成果来呈现。慕课背景下的课程教学改革应建立过程性、多元化的评价标准，着重考核实际课堂教学效果，这就需要采用新的策略来重建课堂教学。

1.重建课堂理念

在传统的课堂教学中，教师处于主导地位，控制着教学进度，课堂教学内容中的重点、难点均由教师来掌控，学生是被动接受知识的客体。而慕课的课堂教学翻转，教学的重心由原来教师的"教"转移到了学生的"学"上，部分内容则由学生通过慕课微视频来实现，教学中的重点是在教学情境中生成的，教师的工作重心在于课堂教学设计和辅助教学。在教学理念上发生了根本性的转变。

2.重建课堂教学目标

传统的课堂教学主要在课堂上把基础知识和基本技能传授给学生。而慕课背景下的课堂"翻转"使教学目标重建成为可能。学生可以利用课下时间通过微视频来完成基本知识的呈现、讲述与传授，课堂则成为师生探究、问题解决、协助创新的场所。学生可以不受时间的限制来掌握基础知识和技能，通过学生自主学习，掌握学习过程中的重点和难点。在课堂中，学生带着自己的问题与教师探讨、交流，从而获得新的知识建构。

3.重建课堂教学实施过程

慕课背景下的课堂教学由于教学目标发生了变化，所以教师需要重新组织和安排教学。在教学实施过程中主要包括课前自学、课中内化讨论、课后深化三个阶段。学生通过课前观看教师拍摄的视频完成初步知识、技能的接受和理解；通过解答教师预设的问题来检验学习过程中遇到的问题或不足；通过网络交换平台和同学、教师讨论学习中遇到的问题，将仍然解决不了的问题记录下来并带到课堂教学中去。在课堂中，教师搜集学生提出的问题，通过讨论、讲解等给予现场解答。期间，教师给学生提出具体的实践活动任务，由学生自主探究或协助学习；在课后深化阶段，教师根据学生对知识的掌握

情况，提出一些拓展性的实践任务，给学生提供在真实情景中解决问题的锻炼机会，同时辅以反思、活动，促使学生课后自主探究与反思，促进知识、技能的进一步内化、拓展与升华。

4.重建课堂教学评价模式

慕课背景下的课堂教学，在教学模式和教学方式上较传统授课模式有很大的区别，更注重过程化考核和多元评价办法。这就需要教师在教学进程中分阶段对学生进行考核，考查学生对已学内容的掌握情况、学习能力、初步运用知识分析问题和解决问题能力。教师可以针对不同的课程性质和特点，选择平时作业、阶段测试、期中考试、研讨交流、答辩、调查报告、读书笔记、项目设计、实践操作、专业技能测试、课程论文、学生互评等灵活多样的考核形式，或采用方法的部分组合。慕课下的课堂教学，需要教师以全新的视角来审视教学，重视过程化考核，注重学生实际学习成效。

（三）发挥慕课优势，助力课堂教学

教师要熟记慕课开发及管理的相关知识，指导学生学习方式的转变，调整课堂教学知识结构。利用好慕课资源，重点在于教师如何更好地促进课堂讲授与学生慕课学习相结合，线下辅导与线上辅导相结合，自主开发的慕课与其他慕课资源相结合等问题。为此，教师需要做好以下三个转变。

1.由统一化培养到个性化培养的转变

慕课体现了一种以学生为中心，以"学"为本的教育价值取向，重视激发学生主动学习的积极性，强调学生自主学习。班级授课制下预设的假设是所有的学生有相同的基础，培养出具有该课程基本知识和技能的学生，可以说是同一化培养。而慕课则更注重学生个性化的学习需求，侧重差异化和个性化培养。

2.由课堂教学到多平台教学的转变

传统的课程教学往往局限于课堂时间内，虽然也要求学生课前预习、课后深化，但缺少检验、交流的平台。而慕课给传统课堂带来了转机，教师可以利用现有的慕课平台课程资源，打破课堂时间限制，形成实体课堂和虚拟线上的合理衔接，由单一的课堂教学转变为丰富的多平台教学。与此同时，教师可以有效利用其他网络资源，如微信、微博、QQ 空间等交流平台，来补充慕课资源的不足。

3.由单向教学到多向互动教学的转变

线上平台的开放，无疑延伸了课堂教学时间，形成了师生、生生、个人和小组、小组与小组等多向互动的局面。尤其是在翻转课堂中，教师的角色发生了重大变化，传统课堂中的基本知识在翻转课堂中教师不再讲授，而由学生课下线上学习。教师的角色由原来的"教学"变为了"导学"，授课方式也由原来的单向教学向多向互动教学转变。

4.由人工教学管理方式向智能化教学管理方式转变

运用慕课技术实现由有纸化向无纸化转变、由有人化向少人化或智能化转变。传统的教学资料中的教材、作业等多以纸质的形式呈现，而慕课下的课堂教学更多采用的是电子资料、视频材料、电子书、电子作业、帖子等，甚至考试也在线上进行。这就要求教师适应无纸化现代教学的需要，更新教学技能，利用好线上资源，做好数据统计与分析。

（四）把握慕课发展趋势

1.政府引导，把握慕课发展大趋势

（1）慕课类型发展趋势

从目前来看，慕课主要有两种形式：C慕课和X慕课。C慕课，"C"代表"连通主义"，认为知识的本质是"网络化的联结"。强调知识的获取"去中心化"以及知识的创造与生成；强调的是同伴学习，其运行于开放资源学习平台。就目前的几大慕课供应商所提供的课程来说则属于X慕课，基本上还是传统的课程，即以教师课堂教学为主，只是通过现代的技术方式表达出来。由于X慕课简单易行，熟悉亲切，和传统教学模式相近，加上运营商不惜成本大力推介名校、名师、名课堂，目前发展比较迅猛。而随着先进的网络技术被不断用于高校教育，人们更重视"人"在慕课中的作用（而不仅仅是技术在慕课中的作用），从而将会把C慕课推向新的高度。

（2）慕课建设发展趋势

从目前慕课开发的主体看，主要有运营商、高校个体和高校联盟。运营商虽然有较大的资本投入，不遗余力地进行广告推广、技术更新，但必须依靠高校优质的师资进行"原创"，高校虽然有雄厚的智力资源，但往往缺乏资金的投入和技术的指导。鉴于此，就诞生了"校企合作"式的慕课开发和"校校抱团"式的慕课联盟。从发展趋势看，这两种慕课开放模式都将有很强的生命力。但需要注意的是"校企合作"式的慕课开放模

式，高校要重视知识产权保护以及正确处理合作开放中的角色。在"校校抱团"式慕课联盟中，要处理好高校间的权利和义务关系，遵循互通有无、优质共享、凸显特色的原则。

2.符合校情，稳步推进课堂教学改革

不同的高校有不同的教育使命，要量力而行。一是分类推进慕课建设。通识类选修课以及部分专业选修课可以通过慕课形式来完成，或尝试"翻转课堂"等教学方法，但专业核心课程要慎重推行。对于一些简单的知识点应鼓励通过慕课来学习。未来的课堂教学应更多体现知识的探索和师生的互动。二是引进与本土化慕课建设相结合。一方面高校要引进一些名校、专家的慕课资源；另一方面要立足区域联盟开发一些本土化慕课，凸显本校的办学特色。其三，借鉴慕课优势，激活现有课堂教学。在普通的课堂中增添一些慕课环节，利用现代化的即时通信工具增强师生互动，把"静"的课堂教学变"动"。

3.与时俱进，提升教学管理服务水平

传统行政化教学管理要向信息化学习与课程服务体系转变，努力为学生提供最优质的课程和个性化学习服务，为教师提供全方位的课堂教学支持服务。一方面，教学管理部分要充分利用大数据资源为教师提供个体化的"学情"信息，揭示在传统教育的经验模式中无法检测出来的趋势与模式，以便于教师洞察学生是如何学习的，学生理解了什么，没有理解什么，是什么原因导致学生获得成功等关键问题，从而使教师能够卓有成效地开展因材施教；另一方面，充分利用现代信息技术，通过各种学习终端向学生推送选课、空余教室、作业、讨论、考试及相关教学信息，为学生提供快速、简单、直接的各种学习服务，让学生更高效地进行学习。

4.着重引导，培养学生自主学习能力

虽然慕课落实了学生的中心地位，拓展了学习方式的时间界限，创设了沉浸式、社交化的学习环境，但慕课自由化的学习方式，对学生自主性和自我约束力以及学习过程的可持续性提出了更高的要求。与此同时，海量的信息来源和知识资源，也容易使得学生无所适从。因此，高校必须着力引导学生培养自主学习能力。

五、利用信息技术促进高校慕课教学

慕课的广泛推广离不开信息技术的运用。慕课时代，对高校教师也提出了更高的要求，高校教师需要充分利用信息技术促进慕课教学。对利用信息技术促进高校教育教学的途径提出相应对策如下：

（一）教师个人制作动画、电子手写板书等新型慕课资源

慕课资源如果全靠院校管理者提供经费请人制作，那平台的更新和有效应用将得不到保障。美国可汗学院的慕课视频就是利用录屏软件、电子手写板独立完成的，费用不高，完全靠可汗个人的发挥，在手写板上完成板书。技术和教学的关系应如何对待早已是人们探讨的话题，手写板书反映了教师的思维，对学生也有更深层的教学效果，将信息化技术的应用深入教学的精髓。此外，动画、电子手写板书完成的慕课资源在同等清晰度下能比课堂实录压缩得更小，有利于在线学习。

（二）将移动学习应用于开放课程资源的应用

目前，青年学生使用大屏幕手机浏览网络资源已经非常普遍，慕课资源如果不能在移动网络上方便点击观看就失去了生命力。因此，开发时间短、容量小的片段式慕课视频，并适用于手机平台浏览就是目前最紧迫的工作。除了传统的网络课程，微信课程等新生事物也能应用于学生的在线学习。

（三）在试点专业进行慕课的研究

慕课是否适用于所有课程还需要研究，可以首先把部分专业开展自主学习、自我发展教学形式作为研究案例，从采用形式、条件、培养目标、管理形式、评价标准等方面做重点分析，以指导提升学生创新能力为目标进行开放教育资源应用。以国际商贸和模具类专业试点课程学习方法的转型为例，由于国际商贸系所面向的就业范围广泛、模具类专业学生毕业后转行的比例相对较高，为使专业培养适应工作岗位的条件，根据现有师资条件难以让每个学生得到全面发展机会的现实，每个专业方向通过专业教师管理引导并实施考核，学生选择慕课资源进行自主学习。根据部分高质量国外教学资源，访问速度不能保证以及语言障碍等问题，学校应帮助解决，搭建良好的自主学习平台，提升

学生创新综合能力。试点专业可采用贯穿学程的学分制、专业选修课体系，提供教师自由安排学习模式的可能性。

（四）教师要正确认识教育技术对自身教学的重要性

在慕课大潮的冲击下，随着现代教育技术化程度的不断提高，高校教师只有及时将最新教育技术纳入自身的专业知识体系中，才能胜任新形势下的教学工作，专业化发展道路才会通畅，以慕课为代表的新技术应用并不只是专业教育技术人员的事，而是和广大教师息息相关的。

六、慕课资源在高校的利用

嵌入学科服务强调以"为用户"为出发点，将学科信息资源与信息服务融入用户实体空间或虚拟空间，构建一个满足用户个性化信息需求的信息保障环境。结合图书馆的实体空间将慕课嵌入学科服务进行介绍。

（一）实体信息共享空间

如今图书馆的实体信息共享空间发展迅速，包括了各种形式的信息环境，例如咨询空间、研讨室、学术报告厅、开放交流空间等，有的图书馆还以学科分馆为基础，按学科和专业对图书馆的空间和资源进行整合，为用户提供了更为便利的学科环境。慕课除了视频之外，还有非常重要的交互部分，那就是师生、生生之间的交流，可以借助图书馆的信息共享空间实现面对面的交互，如授课教师与学生之间大规模的异地实时视频讨论，可以在图书馆的学术报告厅进行，课后某一慕课学科学习小组的成员可以借用研讨室进行学习交流。利用信息共享空间，可以支持用户顺利开展慕课线下学习活动，同时学科馆员也可以和用户一起进入空间，提供咨询服务，可以依据课程内容提供纸本、电子的参考资源列表以及网络开放获取资源的信息，为用户的学习提供帮助和支持。教师录制慕课课程可以借用图书馆的学术报告厅，获取配备音响、投影等较完备的课程录制环境和工具。

（二）学科服务平台

学科服务平台通常应包括学科知识资源、特色资源、学科信息门户、学科导航、学科咨询、个性化定制、主题服务、知识挖掘等信息，它是图书馆提供学科服务非常重要的窗口。目前，各高校的学科服务平台形式多样，有学科博客、专业的学科服务平台、自建的学科信息网页等，但无论哪种形式都可以将慕课资源嵌入其中，为学科服务的内容拓展一个新形式。可以学习国外高校的方式新建慕课指南（或者慕课指南博客、慕课信息网页等），通过这个指南展示慕课宣传的信息、常见的综合类慕课课程、信息素养知识慕课课程、慕课版权等。学科类的慕课课程、特色多媒体资源、课程参考资源、学科专题信息、素养知识课程等信息嵌入发布到各个学科指南中去，方便用户按照学科获取，利用学科服务平台工具对本学科相关课程信息进行系统的收集、整理，并将学科服务平台上的常用专业资源如电子资源、图书、信息门户等整合，嵌入教师的研究和教学。

（三）移动图书馆

目前，国内高校推出的移动图书馆服务已经非常丰富，例如手机短信服务、移动图书馆 APP 服务、微信服务、RSS（简易信息聚合）订阅等。移动图书馆服务借助网络技术与移动设备帮助使用者能在任何时间、任何地点获取图书馆的相关资源与服务内容，馆员可以通过移动图书馆将慕课课程服务嵌入教师建设课程与学生学习课程的过程中去。

微信具有的基本功能为基于学科服务的慕课活动嵌入式服务提供了重要途径。基于语音文本交互和群聊的交互功能，可应用于慕课课程协作学习，实现师生与图书馆员之间的交互沟通。例如，学科馆员可以通过一对一或者一对多的方式回复某个学科群组里师生的咨询。基于微信公众平台的信息聚合与推送功能，可以开发慕课课程学科参考资源的订阅推送和自动回复响应功能，使师生能够检索和获取学科慕课资源，如推送信息素养知识的微视频。如检索策略的编制、学科数据库的使用技巧、学科开放资源的获取与介绍等主题微视频，或者读者发送微视频的关键字，可通过微信自动响应发送相关主题微视频至读者的手机终端。基于微信公共账户的信息发布功能，发布慕课相关新闻信息。

RSS 个性化需求定制也可以为读者提供订阅推送慕课资源与新闻的服务。图书馆员发布信息时可以将慕课资源按照不同学科类别聚合，为读者提供分类查询的途径。读者进入图书馆 RSS 服务页面后，可以看到按学科排列的资源链接地址，读者用鼠标点击需要的慕课信息链接地址，从菜单中选择增加频道，粘贴上复制的信息链接地址即可。图书馆员也可以将慕课信息按照主题词和关键词进行聚合，为读者提供主题词和关键词的查询方式。读者进入图书馆 RSS 服务页面，可以按主题词和关键词进行搜索，例如检索慕课版权、慕深工具、参考资源、慕课课程等关键词，然后将搜索结果中需要的信息资源链接地址复制粘贴到新建频道中。图书馆可以根据课程的内容设置、学生的在线咨询等提供配套于慕课教学的资料推送、个性化需求定制等服务。

图书馆员通过实体信息共享空间、学科服务平台、移动图书馆等途径，根据不同慕课服务的特色，选择较合适的途径传播给用户，教师与学生也可以通过这三个途径产生信息互动。

（四）慕课嵌入学科服务的特色

1.促进学科服务的内容嵌入

学科服务是学科馆员主动深入到教学科研活动中，帮助用户发现和提供更多针对性更强的专业资源。很多情况下传统教学和科研工作的模式使得教师、学生局限于自己的课堂、实验室，与图书馆员之间的交互难以深入并持续。通过将慕课资源嵌入学科服务，扩展学科服务的信息来源、信息形式，满足师生们浏览学科慕课资源的需求，图书馆员有更多的机会将学科内容嵌入教学中去，提高学科资源的利用率。当然，这也要求学科馆员对现有的慕课资源进行搜集、评判选择、重组、分类、标记等工作，并与其他学科资源进行整合。

2.促进学科服务的过程嵌入

学科服务需要深入了解读者的行为习惯、信息能力以及信息需求，根据学科特征，为读者提供主动、个性化的服务。图书馆为慕课教学师生互动、生生互动提供实体空间，使得学科馆员有机会参与教学活动，为教师提供数字化资源的内容支撑，了解教师与学生的实际信息需求，并提供相应的咨询服务，推荐参考文献，帮助学生利用图书馆资源解决慕课课程中遇到的难题。

3.促进学科馆员专业服务水平

学科馆员在整理慕课资源的同时，对该学科优质的教学内容、学科领域的研究热点、该领域的学术专家等会有更深入的了解，会从一定程度上提升自身的专业服务能力，与教师和学生交流时，能更加了解其信息素养需求、教学需求，以做好辅助研究工作。学科馆员也可以自学一部分学科课程内容，结合图书馆员的专业知识，提升工作效率与学科服务能力。将慕课嵌入高校图书馆学科服务，试图找到一个馆员为教师教学和研究提供学科服务的小窗口，为新信息环境下赋予学科服务新活力提供一些思考，当然馆员也将面临更多的挑战，期望进一步通过实践开展相关研究。

七、慕课背景下高校人才的信息素养教育

我国高校慕课的建设步入稳定发展的阶段，而高校人才的信息素养教育仍未受到足够关注与重视，开设学生信息素养系列慕课是大势所趋。

（一）慕课与高校发展

慕课的问世与开放课件、开放教育资源有着密切的关系。可以说，慕课是在开放课件的热潮与开放教育资源运动的背景下出现的。

2000 年，美国麻省理工学院提出"MIT 开放课件计划"，计划把该校所有的课程资料放到因特网上提供免费利用。2002 年，该开放课件网站建成，该计划的提出与实施，不仅为师生提供了丰富的数字课程资源，向全世界宣传推广了开放课件的理念，而且在全球范围内掀起了开放课件的热潮，进而引发了一场高校教育资源开放与共享运动。

2002 年 7 月，联合国教科文组织在法国巴黎举办"开放课件对发展中国家高等教育的影响"论坛，正式提出了"开放教育资源"（OER）这一概念，并对其内涵进行了界定：通过信息通信技术为全社会成员提供的、开放的教育资源，这些资源允许被进行非商业用途的咨询、利用和修改。开放教育的核心是免费和开放共享，并能够在任何时候、任何地方为任何人增加获得教育和知识的机会。从此，OER 运动的浪潮席卷全球，得到国内外许多高校和其他机构的积极响应。

值得一提的是，2003 年 10 月，我国教育部批准成立了中国开放教育资源协会，旨在推进中美两国高校之间的紧密合作与资源共享，致力于引进国外大学的优秀课件、先进教学技术、教学手段等资源，同时将中国高校的优秀课件与文化精品推向世界，搭建国际教育资源交流与共享的平台。该协会成员包括北京交通大学、北京大学、清华大学、北京师范大学等 12 所高校。

成立于 2008 年的开放课件联盟是 OER 运动的成果。该联盟的成员包括来自 52 个

国家和地区的 250 多所高校教育机构和相关组织，开放共享了超过 20 种语言的 1 万余门网络课程。该联盟致力于推进开放教育及其对全球教育的影响，力求通过扩大获得教育的机会来解决社会问题。近年来，随着慕课的发展，全世界各大名校纷纷建立了慕课建设平台。

（二）我国慕课发展的整体状况

我国的高校在 2013 年开始参与慕课建设。2013 年 1 月，香港中文大学加入 Coursera 平台。4 月，香港科技大学加入 Coursera 平台。5 月，北京大学、清华大学、香港大学、香港科技大学等 6 所大学宣布加入 edx。9 月，北京大学开设了 4 门慕课，并通过 edx 开始全球教学。

值得关注的是，除了中国香港地区的 12 门慕课全部是由 Coursera 和 edx 提供建设平台之外，中国有 50%以上的慕课是在本土自主开发的平台上建设的，清华大学的全部慕课均在其自主开发的"学堂在线"平台上建设的，上海交通大学的全部慕课也是在其自主开发的"好大学在线"平台上建设的。

中国高校的慕课从无到有，从少到多，步入稳定发展的阶段，并呈现出以下特点：一是中国的慕课主要集中在北京和华东两个地区；二是超过五成的课程均依托本土平台建设；三是中国台湾地区的慕课建设已经形成规模，发展迅速。

2011 年 11 月 9 日，作为教育部、财政部支持建设的中国高校教育课程资源共享平台，由高校教育出版社承办的"爱课程"网站正式开通，并推出了第一批 20 门"中国大学视频公开课"。2013 年 6 月 26 日，"爱课程"推出首批 120 门"中国大学资源共享课"。

（三）信息素养慕课建设现状

在对中国慕课建设现状进行调查的基础上，为了解国内外信息素养慕课的开设现状，通过网络调查方法对网站上提供的 20 多个慕课平台上的 1 万多门慕课进行调查发现，开设信息素养慕课数量最多的是美国，其次是英国，再次是中国、加拿大、荷兰和爱尔兰。有关数字素养和计算机素养的慕课数量最多，共 18 门，占 50%，这说明数字素养慕课受到了相当的关注。

在美国开设的 20 多门慕课当中，有 4 门课程的名称含有"素养"，有关数字素养、计算机素养的有 13 门，有关科学素养的有 3 门，有关媒体素养的有 2 门。开设的机构除了 7 所高校之外，还有地方政府的教育部门、教育基金会、教育机构和商业机构，类型多样，这些非高校的机构所开设的慕课内容丰富，范围广泛，生动有趣。值得一提的是，由微软公司开设的"数字素养与信息技术技能"为系列课程，共有数字素养、计算机基础、计算机安全与隐私、数字生活方式、信息技术原理、因特网与生产计划、生产计划、因特网与万维网等，包括阿拉伯语和英语的子课程。

当前国内外信息素养慕课的建设尚属起步阶段，呈现以下特点：一是欧美经济发达国家的信息素养慕课发展较为迅速；二是高校仍然是开设信息素养慕课的主体；三是内容主要集中在数字素养和计算机素养等领域；四是信息素养慕课数量少，参与机构不多。

（四）高校开设学生信息素养系列慕课

我国信息素质教育始于 20 世纪 80 年代，主要采用在全国高校开设"文献检索与利用课程"（全校公共选修课）的形式，对在校学生进行信息素质教育。尽管课程名称比较多，如信息获取与利用、信息检索与网络资源利用、现代信息查询与利用、文献信息检索等，但其课程的核心内容主要围绕文献检索的基础理论和基础知识、各科各类检索工具的基本原理及检索方法、主要数据库的利用、图书馆利用等。在进入信息社会的今天，该课程无论是形式还是内容均已过时，一方面无法适应社会发展和时代进步的需求，另一方面也无法满足学生对信息资源获取与利用以及其他信息素养相关知识的需求。

近年来，国外高校纷纷从开设传统的文献检索课改为开设信息素养课程，国内也有些高校紧跟国际潮流，开始开设信息素养课程，如北京大学的"信息素养概论"、上海交通大学的"信息素养与实践"、深圳职业技术学院的"信息素养步进课程"、韶关学院的"大学生信息素养教育"等。

在高校开设学生信息素养课程，不仅能够培养学生的信息检索技能、图书馆素养、媒体素养、计算机素养、因特网素养、数字素养和研究素养等，而且能够培养学生对现代信息环境的理解能力、应变能力以及运用信息的自觉性、预见性和独立性，从而提高综合素质。随着国内外高校开设慕课热潮的到来，开设学生信息素养系列慕课不仅必要，而且已经是大势所趋。高校开设慕课教学意义如下：

第一，慕课的交互性能提升学生信息素养课程的教学效果。与传统的面授课程相比，慕课的形式多样，有大量穿插于慕课视频中的交互式练习。这些练习不仅能帮助学生及时理解并巩固所学的内容，而且能够激发他们的学习兴趣，鼓励和引导学生更加积极地学习与思考，使他们从被动学习转变为主动自主学习，大大提高了学习效果。与此同时，慕课的交互性也有利于进行信息素养课程的模拟检索操作。

第二，慕课的开放性有利于面向全校本科生甚至社会公众开设学生信息素养课程。开放性是慕课区别于以往其他网络课程的最大特点，而这种开放性特别适合开设作为全校公选课的信息素养课程，不仅因为学生都需要信息素养教育，而且因为社会公众也需要信息素养教育。因此，信息素养课程应该以慕课的形式同时面向在校学生和社会公众免费开放，使得更多的人有机会获得信息素养教育，提升自身的信息素养和综合素质。

第三，慕课的灵活性非常适合学生信息素养课程的模块化教学。由于学生有不同的学科专业，不同的学科专业对信息素养教育的需求各异，因此可分为人文社科、自然科学、理工、医学等四个模块，才能满足各个学科门类的需要。与此同时，还可以开发类似"插件和游戏"的模块，方便教师随时嵌入慕课当中，充分利用慕课的灵活性开展教学。

第四，慕课的互动性为信息素养课程中需要的多方互动与交流提供了有利条件。依托网络社区和社交网络进行互动交流是慕课的优势之一，它不仅可以开展学生与教师的互动交流，而且也可以进行学生之间的互动交流。学生可以围绕教师提出的问题进行交流和讨论，也可以开展基于网络社区学生群体的"同学互评"，增强了学生的参与感，也促进了学生之间的相互学习。

八、慕课在高校教育教学中的应用

慕课在教学理念、教学设计、教学模式、教学评价等方面都有独特的优势，并将改变高校的教学机制。

（一）慕课资源的优势对传统教学的镜鉴

1.教学理念——"自主学习"对"接受学习"

现行的高校教育教学理念是"接受学习"，教师是教学的绝对主体，他们是知识的拥有者，以"传递高深学问"为己任，将教材上的知识以及自身所拥有的知识以自己最擅长的方式教给学生，"教"完全支配"学"。而慕课的教学理念是"自主学习"。它将学习的主动权交回给学生，允许学生根据自身知识、能力水平自主选择学习内容，自行把握学习进度，自主选择学习环境。一门慕课课程通常会持续几周至十几周，每周一次课，每次课一般几个小时，以事先录好的视频形式呈现。每次课程的视频又经过事先处理被划分为若干时长在 10 分钟左右的知识单元。这种设计的目的就是允许学生在学习过程中，根据自身的实际需要，自定学习步调，不必受传统教学的限制；允许学生根据自己的兴趣爱好选择学习自己感兴趣的内容；在学习环境方面，学生也可以自由选择在宿舍、教室、家庭等不同场所进行学习；在学习工具方面，学生可以选择台式电脑、笔记本电脑、手机等不同设备。由此可以看出，慕课所主张的是一种自觉、自愿、自立、自为、自律的学习，体现了"自主"的本质特征。

2.教学设计——"技术性、便捷性"对"工具性、烦琐性"

慕课的教学设计是技术性和便捷性的统一。以 edx 为例，其课程的教学设计包括两大阶段：前期阶段和核心阶段。前期阶段主要是对学生需要、教学目标和教学内容进行分析。首先，根据学生的学习背景对其学习需求进行分析；其次，根据不同类型学生的需要，确定不同类型的教学目标；再次，根据对学生需要和教学目标的分析，确定教学内容，并将其科学地划分为若干个相对完整且相互关联的知识点。核心阶段则是对学习资源、教学活动、学习评价和学习支持的设计。对学习资源的设计主要就是对教学视频的设计，它包括对教学视频的制作、视频内容的设计等方面；对教学活动的设计主要是对学生个体活动、生生互动、师生互动的设计；对学生个体活动的设计就是根据学生的兴趣合理设置小测验或试题库，对生生互动的设计是根据合作学习原理合理设置小组互评等形式的活动；对师生互动的设计则是以注重交互性为前提，设计线上师生问答互动、线下博客、微信互动讨论等；对学习评价的设计就是根据学生需要、教学目标和教学内容对相关内容的测验、作业以及试题的设计；对学习支持的设计就是对学习资源、教学活动、学习评价等工作提供相应的技术支持。

3.教学模式——"以学为本"对"以授为本"

传统课堂教学模式是"以授为本"，这体现了教师对整个课堂教学活动的绝对控制。也就是说，教什么、怎么教和教多久都要由教师决定，较少考虑学生自身的需要和想法，学生只能被动地接受。而慕课是将众多优质课程资源置于专门的网络课程平台，供学生根据自身的兴趣、爱好和需要自主选学。其规模之大、时空范围之广、开放程度之高是传统课堂教学无法比拟的，其核心就是强调"学"，体现"以学为本"的特点。这种从"以授为本"到"以学为本"的转变，归根到底是由慕课自身的特点决定的。首先，慕课的大规模和开放性为学生的自主选学提供可能，而慕课简便的操作方式、低廉的学习成本使得这种可能变成了现实。其次，慕课的可重复性为学生正式学习之后的温故知新创造了便利条件，学生可根据自己的情况重复学习其认为重要的或必须掌握的内容。最后，慕课重视学生自身的体验和师生、生生之间的互动，有助于巩固学生的自主学习成果。体验是一种静态的自主学习，它突出的是学生对学习内容的独立认知和感悟；而互动是一种动态的自主学习，它突出的则是学生对学习内容的相互交流和碰撞。可以说，慕课是学生对学习内容的认知、感悟、交流和碰撞等的集合。因此，慕课的设计必须突出"以学为本"。

4.教学评价——"重在评学"对"重在评教"

高校现行的教学评价主要是对教师教学过程及结果的评价，对教学过程的评价重在对教师授课过程的评价，而对教学结果的评价则重在对教师授课结果的评价。概括地讲，现行教学评价重在评"教"。然而，教学是由"教"与"学"两方面组成的，只评"教"就容易忽视"学"，也就无法真实、全面地反映实际的教学状况。事实上，检验教学效果好坏的标准只有"学"。因此，如何科学合理、切实有效地检验学生的学习效果是开展教学评价的根本。而慕课正是从这一根本出发设计的。

（二）慕课资源融入高校教育教学机制

1.采用混合式教学模式，改善教学资源

教师可以借助慕课平台获取备课所需的各种资料，无须再受场所限制；学生可以在任何一台互联网电脑上以在线注册的方式学习这些课程，享受全球教学资源，无须再受几百人共同上课的困扰，也不必再担心不能正常上实验课等问题。因此，将慕课融入传统教学，可以切实改善高校资源短缺的现状。具体做法是：课程开始前，教师将所授课程内容按课时划分后，上传至慕课平台，并给学生详细安排每节课的自学任务。然后，学生在每节课开始前自学慕课平台上的相关内容，并完成习题和小测验。在学生自学期间，教师每周组织一次线下讨论课，安排学生针对自学过程中的疑难问题开展小组讨论；之后，教师再针对课程中的重点内容提出若干问题，由学生回答，并进行点评讲授。在这个过程中，教师只是一个引导者，在适当时候负责牵线，大多数时间都是学生发言。这种"自学、讨论、讲授"的混合式教学，是慕课资源嵌入高校教育教学较为理性的模式。

2.实施"双师教学"项目，提升教师专业化水平

在慕课平台上，教师资源非常充足，且不乏许多世界知名高校的优秀教师，每一门课程均由1—2名优秀教师主讲，有的课程还配有2—3名负责线上课程测评及论坛区工作的课程助教和论坛助教。如此充足的教师资源是传统教学无法比拟的。慕课平台上的每一门课程，都可以供成百上千，乃至几万、几十万学生共同选择学习。因此，可以用慕课平台上的优秀教师资源；对于一些慕课平台和高校共有的课程，高校可以尝试让全校学习同一门课程的学生在规定的时间内，在慕课平台上按要求自学该门课程的主要内容，并完成课程测评及讨论。之后由本校教师集中时间开展辅助教学，主要针对学生在慕课学习各环节中所遇到的问题进行及时解答。这样就形成了集高校与慕课平台教师资源于一体的"双师教学"。在慕课平台上，一方面学生可以在规定时间内完成课程的学习；另一方面教师也可以从优秀教师身上学到很多平时无法学到的知识、授课技能与方法等。可以看出，这种"双师教学"既是一种新型的远程教育教学模式，又是一种可行的教师资源共享途径，还是一种便捷的师资培训方式，可以使更多高校共享优质教师资源，从而促进其教学质量的提高，提升教师专业化水平。

3.拓宽信息来源渠道，开阔师生视野

借助慕课平台，高校师生不需要进图书馆就可以学到丰富的知识；可以了解到国内外学术团队运作的基本情况，通过线上交流使线下学术合作成为可能；可以把握相关学科最新的研究进展和发展动态，还可以接触国内外先进的教育理念和教学方式。世界知名慕课平台之一的edx，目前拥有来自世界各地的10多万名学生，可以在全世界任何地方学习哈佛大学的"古希腊英雄"、加利福尼亚大学的"幸福科学"、芝加哥大学的"城市教育中的关键问题"、北京大学的"化学与社会"、清华大学的"中国建筑史"等来自世界100多所名校的300多门课程，这些课程充分体现了相关领域最先进的思想观念、最丰富的研究手段、最多样的研究范式。因此，高校可以借助"双师教学"的运行方式有效利用慕课提供的信息，丰富课堂教学内容，拓宽信息来源渠道，开阔师生的视野。

4.加强师生对外交流，提升高校国际化水平

慕课的到来，为高校的对外交流也提供了极大的便利。教师不出校门就可以与国内外名校名师在线进行学术及思想的交流；学生借助电脑和网络，也能够与名校名师进行线上或线下的讨论交流。许多慕课课程都有极其富有生气的讨论区，国内外不同学校同一学科的教师之间可以针对所教内容中的重点、难点及最新研究动态进行线上交流；数

以千计选择同一门课程的学生以他们特有的方式与教师、同学开展交流，如微博、微信群等。通过不同形式的交流，达到共享学习内容、分享学习收获、共同感受学习乐趣的目的。高校可以以慕课平台作为拓展师生对外交流的起点，通过线上多次交流为线下交流奠定基础，使对外交流从线上最终延伸到线下。因此，高校可以借助慕课平台增强广大教师对外交流的意识，调动其积极性，并以慕课为中介，为广大教师提供线下的对外交流机会，不断开放线下对外交流渠道，最终提升其国际化水平和竞争力。

第三节　现代教育教学技术创新——微课

微课的兴起为课堂教学的革新提供了一条有效的途径，也对提升教育公平和质量，共享优秀的教育资源，满足学生的个性化需求，实现随时随地的学习提供了有力的保障。翻转课堂正是建立在微课的基础上对传统教学方式的一次变革。

一、高校微课教学模式

（一）翻转课堂

根据教育心理学相关的研究成果以及翻转课堂教学的实践，提出 O-PIRTAS 翻转课堂教学法，作为教师在教学中应用翻转课堂一个可依据、可操作的模式。O-PIRTAS 是英文单词 Objective、Preparation、Instructional video、Reviews Test、Activity、Summary 的缩写，分别表示实施翻转课堂的几个必要环节：教学目标、课前准备、教学视频、视频回顾、知识测试、活动探究以及总结提升。教师可以根据这几个步骤具体实施翻转课堂教学。下面对 O-PIRTAS 翻转课堂教学法做出具体的阐述。

1.确定教学目标

为了帮助教师更容易区分教学目标的种类，结合已有关于教育目标分类的理论以及翻转课堂教学模式的特点，大致可以把教学目标分为两大类：知识性目标和能力性目标。

知识性目标属于初级目标,主要包括对知识的记忆和理解。能力性目标则属于高级目标,包括布卢姆教育目标分类中的应用、分析、评价、创造等高级认知目标以及情感态度、价值观、批判思维、自我认识、学会学习、沟通合作等能力和素养。

需要特别指出的是,这里的能力性目标除了包括通常意义上的能力(如应用能力、分析能力、沟通能力),还包括情感、品格、态度等内容,称之为素养性目标可能更为合适。但是这里为了方便教师的理解和操作,并与知识性目标相对应,我们统一把这些素养称为能力性目标。知识性目标是最基础的教育目标,脱离了知识性目标,能力的培养就失去了基础。但只满足于知识性目标是远远不够的,教师需要在知识性目标的基础上进一步发展学生各方面的能力和素质,才能培养出符合社会和时代发展要求的人才。

把教学目标分为知识性和能力性目标两大类,与学者彭明辉等人对教学目标的分类有相通之处。彭明辉等人把教学目标分为直接目标和间接目标两种,直接教学目标是指学习的内容性知识,比如化学反应速率,经济学的供应和需求;间接教学目标是指学生通过学习内容性知识能够发展的能力,比如通过实验计算某种化学反应速率,或者能够使用供需的同时变化来解释某种商品市场价格的变化。这种分类的直接教学目标类似知识性目标,而间接教学目标则类似能力性目标。

把教学目标分为知识性和能力性目标两大类,可以帮助教师比较直观地分析教学目标并应用于教学设计之中。对教学目标的分类是跨学科和年级的,对于任何学科和层次的教学,都可以分为知识性和能力性这两类目标,教师要根据具体教学实际设计这两类目标,以保障教学的有效实施。知识性和能力性目标的分类还符合翻转课堂教学模式的特点。总的来说,翻转课堂的课前、线上、课外自学部分主要是围绕着知识性目标展开的。而翻转课堂的课中、线下、课内集体学习部分则主要围绕着能力性目标展开的,因此明确两类教学目标对于后面开展翻转课堂各环节的教学具有统领作用。

应该认识到的是,对于教师的工作和价值来说,知识性的教学是相对比较容易被代替的,或者说不是教师的主要价值所在。今天信息社会区别于以往社会的一个重要特征就在于知识的获取十分便捷,教师不再是知识的唯一来源,甚至也将不是主要来源。当前网络上具有各种丰富的资源、搜索引擎,甚至包括慕课、可汗学院在内的各种优质教育资源,都可以成为学生获取知识的重要来源。可以说,每位高校教师在学校所教的课程,基本上都可以在网络上找到相应的慕课资源。而且这些慕课课程都是名校(比如哈佛大学、麻省理工学院、斯坦福大学)名师精心制作的课程。从知识的角度,这些慕课和知名教授是学科知识的代表,比大多数教师更具权威性、系统性和准确性,完全可以取代教师成为学生获取知识的途径。未来随着人工智能技术的发展，人类在知识教学上的优势就更加荡然无存了，人工智能完全可能成为一个比人类更好的教知识的教师，这是大势所趋。

相对于知识性的教学目标来说，能力性的教学目标是人类教师的独特优势。能力性目标涉及人类情感、创造力、沟通、合作这些人类所特有的品质，是人工智能所不具备的。因此，未来教师的主要工作和价值应该体现在对学生能力性目标的培养上。

明确教学目标是成功实施翻转课堂教学的首要环节和先决条件。翻转课堂教学不满足于只是完成知识性的目标，而是更加注重能力性目标。知识性目标基本上可以通过视频让学生在课前自学完成，实体课堂则主要被用来发展学生的能力。

2.课前准备活动

课前准备活动主要有以下两个作用：

第一，提高学生学习的兴趣和目的性。认知目标是形成学生学习动机的一个关键因素，个体只有对未来的学习目标产生期待时，才会发生有意义的学习。研究表明，学习的过程往往是从整体到部分的过程，学生了解了学习的总体目标之后，再进行分解学习的时候就会更有方向性和目的性，学习效果也会更好。在实际教学中，教师要通过课前准备活动先让学生明确学习目的，使其对未来的学习结果产生一种积极的期待。如果教师通过课前导入活动，在正式教学之前告诉学生本次学习的目的和作用，那么就能够激发起学生学习的兴趣，并让他们的学习具有指向性。

第二，课前准备能为之后的视频学习打下良好的基础。在教学形式的顺序上，翻转课堂和传统课堂一样，都是先讲后练的顺序，并没有进行翻转。教师的讲授是需要一定的时机、条件或基础的，讲授要发挥作用需要学生具备一定的先前知识，学生在努力思考、探索、挣扎过某个问题或情境之后能更好地理解讲授的内容。虽然学生在接受讲授之前进行的问题解决和探索可能是不成功、不正确的，但是这种尝试有利于图式编码和整合，能够帮助学生认识到自身先前知识的不足，还能通过对比正误解法来让学生注意到学习的关键特征，从而为之后接受教师的系统讲授打下必要的知识基础。

那么，什么样的活动能够帮助学生形成必要的先前知识，为下一步接受讲授打好基础呢？国外学者 Schwartz 和 Bransford 建议可以通过让学生对比相关概念或原理的多重样例，来帮助学生注意并理解样例之间的区别，发现知识的结构性特征，从而发展出辨别性知识。这些辨别性知识是理解之后系统讲授的重要基础。学者 KaPur 提出有益性挫败理论，他建议在直接讲授之前让学生先进行探索性的问题解决，让学生使用已有知识探索问题的解法，有助于图式建构，投入更多的认知资源，发现不平衡并意识到自身先前知识的有限性。学生还可以通过对比不同解法的异同，来发现新知识的关键特征并更好地进行编码。我们基于变易理论的研究成果发现，对比学习对象的多重样例能够帮助学生审辨出学习的关键特征，这些审辨出来的关键特征为之后的系统讲授奠定了基础。我们还进一步提出对比、分离、类化、融合四种变与不变的范式用来指导多重样例的设计。多重样例之间应该变化一个关键特征，让学生首先单独审辨出这个变化的特征。在学生单独审辨出多个特征之后，再让学生对比同时变化多个关键特征的多重样例。

在学生正式学习教学视频之前，先通过相关的探究活动让学生进行适当的学习和探索，激发起学生的学习兴趣，并准备好必要的先前知识。课前准备活动可以让学生带着兴趣和疑问进入视频的学习，将能够显著改善视频教学的效果。

3. 课前教学视频

在完成课前准备活动之后，学生需要在课前自学教学视频。翻转课堂的教学视频可以是教师自己录制，也可以使用他人录制的视频。教学视频形式可以多样，内容主要反映的是教师在传统课堂中的讲授部分，视频学习部分主要对应的是前面制定的知识性的教学目标。

目标的实现并不需要在实体课堂中接受教师的实时现场指导，或者与同伴进行互动合作。高校学生通过自学教学视频就可以在很大程度上完成对知识的记忆和理解。此外，在这个环节还可以充分利用信息技术和多媒体的优势，让整个知识的教学过程更加有趣、生动、高效率。从知识性的目标来说，一个制作良好的教学视频或者在线课程，其教学效果可以达到甚至超过教师在实体课堂的讲授。即使是一个质量一般的教学视频也能在很大程度上完成知识的记忆和理解目标。

4. 课堂视频回顾

学生完成线上视频学习之后，就进入线下实体课堂进行学习。通过教学视频，翻转课堂把知识的学习移出到课外，大量的课堂时间可以被用来进行问题解决、合作探究等活动。有些教师可能会在线下上课的时候，马上给学生呈现的问题进行解答或布置活动进行探究。但是根据实际教学经验，在实际开展课堂活动之前，教师应该首先简要回顾一下课前教学视频的内容。这是因为一开始上课就直接让学生问答问题，会显得比较突兀，学生也会难以适应，难以营造良好的课堂氛围。有研究表明，学生在上课之初往往需要3—5分钟才能静下心来，短暂的过渡之后精神才会非常集中，注意力才会高度专注。此外，学生虽然已经在课前完成对视频的学习，但是视频学习时间距离上课已经过去几天，学生一时可能难以迅速回想起视频的内容，尚未从心理上完全做好准备，这时候马上做题、考试，会引起学生心理上的抵触。

线下课堂首先起始于对课前视频的知识回顾，视频回顾不是对视频知识的重新讲解和详细分析，而是提纲挈领地帮助学生回顾内容，把握知识结构。学生课前如果没有学习视频，仅仅是通过短时间的视频回顾是无法完全掌握知识的；如果课前一经完成视频学习，视频回顾则可以帮助他们迅速唤醒记忆，把思维集中到课堂的主题上，为课堂之后进行的问题解决和探究活动打好认知基础。

5.课堂知识测试

教师带领学生回顾完视频之后，就进入课堂知识测试部分。翻转课堂的先驱 Bergmann 和 Sams 最早使用翻转课堂进行教学改革的时候，就是在课堂上让学生在教师的监督和指导下完成家庭作业的。教师通过作业考查学生课前视频的学习和掌握情况，然后针对学生在做作业中出现的问题进行指导和讲解。测试就是教师通过提前设计好的问题来考查学生课前对视频内容的学习效果，主要还是针对知识性的教学目标。课堂知识测试环节有以下两个目的：

第一，检查学生课前是否观看了视频。很多教师在实施翻转课堂的时候，都会担心学生课前没有提前观看视频，导致无法有效参与课堂活动。因此，为了检查学生课前是否观看了视频，教师上课时可以设计一些比较简单的题目，考查事实性信息。学生如果在课前提前观看了视频一般都能正确回答，如果没有提前观看视频则无法正确回答。通过这部分问题，教师可以发现那些没有提前观看视频的学生。学生只要观看了视频，就可以正确回答题目。回答错误的学生，基本上可以认为是没有提前观看视频。

第二，课堂知识测试的目的是检查学生课前是否看懂了视频。课堂测试的主要目的是检测课前视频的学习效果，虽然预期学生通过自学教学视频能够完成大部分的知识性目标，但需要承认，学生只是学习视频可能还无法完全掌握一些教学难点。因此，教师需要在课堂上有针对性地设计一些比较难的问题，用来检测学生是否真正掌握了该教学难点。教师可以根据学生对问题解决的情况，决定怎样进行相应的讲解。如果大部分学生的回答正确，教师可以略过不讲；如果很多学生的回答错误，则表明课前视频的教学效果不好，教师就需要仔细分析学生的错误，并进行有针对性的讲解，学生课堂问题的回答情况将被计入课程总分。

在这个环节中，教师需要及时掌握学生问题的回答情况，才能决定是否进行指导、指导什么、指导多少、怎样指导。教师可以利用一些信息化互动工具来实现这一点，这些工具可以帮助师生实现课堂测试的即时互动和反馈，提高教学效果。

6.课堂活动探究

课堂测试之后，就进入课堂活动探究部分，教师需要设计相关的课堂教学活动以完成前面制定的能力性的教学目标。大量的课堂时间可以用来互动、探究、问题解决和个别化指导，进行高水平的认知活动（应用、分析、评价和创造）。如何有效利用这些上课时间创设有意义的学习活动，让学生深层参与课堂学习中，就成为翻转课堂能否有效实施的关键。

教师要根据具体的教学目标，综合使用问题解决、合作、辩论、汇报、角色扮演、实地考察等多种形式设计课堂活动。教师在设计课堂活动的时候要注意与基于问题的学习、基于项目的学习、基于游戏的学习、同伴教学、案例教学等比较成熟的学习模式结合起来。这几种教学模式都强调以学生为中心进行合作、探究、互动，因此可以与翻转课堂做到无缝对接。在使用这些模式的时候，教师要注意具体的操作原则和使用方法，使得活动向深层次探究，从而有效地实现教学目标。这需要一个借鉴、学习、实践、反思、改进和提高的过程。

除了应用一些成熟有效的教学模式和方法设计课堂活动，教师还应该帮助学生改变学习的观念和习惯。教师需要为学生搭建脚手架，教给学生讨论和合作学习的技巧，有效支持学生进行学习。学生需要学会如何准确地表达自己的观点、倾听他人的思想、回答问题或辩驳他人的观点。在自主学习方面，教师应该在学期初就告诉学生为什么改变学习模式、怎么样改变学习模式，向学生分享好的案例，设计适合自学的任务单，提供多样化的自学资源，利用网络实现学生之间的问答互动，要求学生依照任务完成单自我核对和评价自学成果，给自主学习环节合理的课程分数，上课开始时进行一个小的阅读测验等。

教师应该加强教学法的学习，尤其是对这些比较成熟的教学模式和方法的学习和应用，这将成为教师一项必备的能力。随着未来技术的发展，教学的知识性目标基本上可以被技术所取代，教师将真正成为学生"灵魂的工程师"。未来优秀的教师将是会用、善用技术者，把技术能够完成的任务交给技术，自己则通过组织教学活动培养学生的能力，在人类擅长的合作、情感、沟通等领域发挥重要作用。

7.课堂总结提升

在完成课堂测试和活动探究之后，教师需要对整个教学过程和内容进行总结，提升学生的学习和认识。学生从最初的课前准备活动，到学习各种教学视频，再到课堂回答问题，进行活动探究，整个学习内容丰富、时间较长，对于很多学生来说，可能无法完全把握住重点。因此，教师最后需要进行适当的总结、归纳和提升，帮助学生提炼出最核心的学习内容，以形成完整的认识。此外，教师也可以利用课堂最后的时间开始下一个 O-PIRTAS 教学循环，进行下一次课的课前准备和导入活动，引起学生的学习兴趣，或者布置课前探究活动，为下一次的视频学习做好准备。至此，整个 O-PIRTAS 翻转课堂教学的闭环形成。

O-PIRTAS翻转课堂教学模式从教学目标的确定，到课前准备活动、课前教学视频、课堂视频回顾、课堂知识测试、课堂活动探究、课堂总结提升，包括课前课中课后、线上线下、课内课外、知识能力不同维度。该模式为教师在教学中实施翻转课堂教学提供了实际可行的指导，可操作性强，而且每个环节都有相应的教学心理学的研究成果作为支撑，合理性高。

（二）知识微课

知识微课是指以通用知识技能为主，每节微课围绕一个知识点展开的微课形式。知识微课又分为知识类面授微课和知识类电子微课两种模式。

知识微课主要用来传授通用原理、方法、工具等，是学生需要掌握的基础知识和基础技能的应用。这些知识需要学生自己根据实际的场景进行转化和应用。知识微课开发者需要系统化的理论知识和丰富的教学设计能力，因此更加适合教授、咨询顾问、培训讲师来开发。

（三）情境微课

情境微课是指根据特定的环境、任务、场景展开的微课教学活动。情境微课分为情境类电子微课和情境类面授微课。

1.情境微课的价值

第一，情境微课是针对具体工作场景，尤其是挑战性场景和痛点场景开发的。这些场景能够与企业业务改善需求快速对接，也符合学生改善工作方法和提升绩效的需要。

第二，萃取教授头脑内的隐性知识转变成组织经验并快速复制推广，是高校教育教学的一种重要手段。情境微课开发提供了这样一种载体，通过聚焦特定情境和问题，借助教授丰富的实战经验及反思总结，萃取高价值的知识，并通过课程实现转移。

第三，情境微课来自实际工作典型情境，与学生遇到的问题和挑战一致，学习内容非常容易应用到实际工作中。

第四，情境微课需要多个教授结合实战经验进行深入讨论，萃取关键知识、梳理方法论、挖掘典型案例，这个过程同样是教授能力升华的过程；同时，课程设计或课程面授又提高了专家辅导能力，使具有丰富实践经验的教授成为实践+理论+传承三位一体的教授。

2.应用领域

情境微课主要用来传授特定任务，在场景中需要的整合性知识、技巧，学生可以直接模仿和借鉴，容易转化和应用。这就要求情境微课开发者有丰富的实践经验，能结合特定情境中的挑战点、痛点、难点提炼出有针对性的知识，因此适合有专业知识的教授开发。

3.情境微课的开发模式

在情境微课开发过程中，企业一般会采取两种模式。

第一，个人经验分享式。常见模式是专家案例分享课程，这种模式简单且易于操作。通常结合自身的典型案例进行个人复盘，总结经验教训或方法窍门后，利用简单课件工具就可以制作完成。通过鼓励教师和更多人分享，经过简单制作就可以获得大量微课。尽管质量参差不齐，但是可以通过评价、点赞等机制，筛选出一批有水准的课程，然后进行深度萃取。

第二，组织经验萃取式。常见模式是组织一批教授或教师通过头脑风暴、焦点小组等多种形式对组织经验进行深度萃取，最终形成可以复制的策略、方法、工具、诀窍等，同时输出具有典范和对比效应的正反案例。

二、微课的开发制作

（一）微课的开发制作过程

微课的制作过程是一个较为复杂的系统工程，制作一般要经过前期的可行性分析、分析知识单元、确定序列结构、设计教学内容、设计教学交互、脚本编写、视频开发与制作、微课实施设计、反馈与优化等几个基本环节。

1.可行性分析

微课的可行性研究是对微课开发进行技术性、科学性和实用性的论证。其基本任务是通过调查研究，综合论证一节微课在教学上是否实用和可靠，在学生学习上是否有需求，在经济上是否合理（制作成本和利用率），在开发过程中是否有技术和人才的保证。微课的可行性研究主要考查点有以下几个方面：

（1）微课开发在课程中的必要性

微课开发者需要对课程有全面的掌控，包括微课开发的内容和可利用性。合理确定哪些知识点必须开发微课，哪些知识点不宜开发微课。应选择有代表性、普遍性及关键知识作为微课的开发对象。

（2）微课对学生的作用

分析学生的思维和认知特点，回答为什么该知识点会成为学生学习的难点或重点，分析微课表现什么内容和采用什么形式更能适合学生的微学习方式。

（3）微课开发的人才和技术保证

微课主要格式有视频、动画和音频。对于视频制作，需要有视频拍摄和后期制作。对于音频，需要音频制作和素材整合。因此，微课开发需要有掌握一定视音频制作技术的人才。

（4）微课的后期利用率预期

可行性研究还要考虑后期的利用率，要分析学生对该知识点的学习是否有较大的需求，明确需求量不大的知识点不适合制作微课。要考虑开发后微课是否具有较高的使用访问量，在课程教学中的地位是否举足轻重。要根据以往的教学经验给出预期的利用率，也可以通过网上问卷形式得出结论。

（5）微课开发的成本分析

微课开发的成本主要有脚本编写、视频拍摄、视频制作、3D制作、字幕制作、配音配乐、服务器租用等。但是，微课一般不使用高分辨率的视频格式，其目的是方便网络传输。所以，对计算机等硬件要求不高，主要是软件技术的制作成本和人工费。

2.分析知识单元

知识单元是每节微课向学生展示的知识内容，分析知识单元是微课程设计的首要任务。知识单元的设计要符合教学目标，所以分析知识单元分为两个过程：分析教学目标和建立知识单元。

（1）分析教学目标

微课程的教学目标有两个层级：一般性目标和一般性目标指导下的详细目标。

一般目标分为三个维度：认知目标、情感目标、技能目标，以这三个维度为指导性目标，用于指导微课程类型。微课程可以按照目标的不同维度，分为认知型微课程、情感型微课程、技能型微课程。

（2）建立知识单元

建立知识单元包括两方面的含义：一是要梳理目标和知识单元的关系。知识单元的微小和单一的特点，决定了知识单元所能承载的目标不能太多、太复杂。二是我们通过分析教学目标，将教学目标组织成知识单元目标，其中不仅要有知识单元体量、难度上的考虑，也要考虑到是否需要设置成独立的知识单元，是否需要补充额外的知识单元。如果微课程作为课堂教学的辅助性资源，则不必每个知识单元都设计成微课。如果微课作为开放的课程补充，则要按需求增加大纲以外的内容。由此可见，从课程目标到微课程知识单元的过渡，同样需要按需设计和筛选。

同时，设计知识单元也需要坚持一定的理念。教材中的单元之间有很强的逻辑性和连续性，单元之间层层推进。但微课程里的知识单元不同于教材的单元，具有体量小、相对独立、半结构化、开放性、生成性的特点。相对独立的特点使微课程中的每一节课都可以被单独拿来学习，用以深化或拓展学生某一方面的知识、能力或情感。半结构化可以让微课更加灵活地适应教学内容，类型丰富多样。开放性让微课作为相对独立的单元，可以通过适当的接口，与其他微课形成或纵向或横向的联系。生成性则让微课不断优化、更新或维护，以适应日新月异的新知识环境。

3.确立序列结构

将知识单元分析出来后，需要组织成一定的序列结构。此处的结构化与微课程的半结构化所指不同，并不矛盾。微课程内部半结构化是指媒介微课程的结构，知识单元间的结构化能够更好地与教材知识体系相结合，让微课程更系统地为课程教学提供服务。同时确立序列结构时也要尽量保持完整性和灵活性相结合。完整性使得微课程具有完整的培养体系，照顾到大多数的学生，能够让普通学生通过连续学习，完成教学目标的要求。同时，灵活性也兼顾学生的个性化差异，在"完成微课程学习即达到相同水平"的前提下，让不同能力背景的学生可以有选择性、有主次地学习。

一般依托教材开发微课程，知识单元的串行化比较简单。在分析出知识单元后，按照教材目标体系即可确立知识单元的序列结构。串行化过程可以自上向下逐步细化，从抽象到具体形成学习目标树，目标树的最底层枝叶为拥有具体目标的知识单元。

一些微课程整体或后部针对的教学内容并非教材内容，内容中各知识单元之间的关系复杂、凌乱或不清晰。当分析的各级教学目标不具有简单的分类学特征，或者其中的概念从属关系不太明确，也不属于某个操作过程或某个问题求解过程时，使用 ISM 解释结构模型分析法比较合适，包括以下几个操作步骤：抽取知识元素，确定教学子目标；确定各个子目标之间的直接关系，做出邻接矩阵；利用邻接矩阵求出教学目标形成关系图；利用关系图拆分成关系树；对关系树进行后续整理并取消重复项，以此来生成目标序列。求出的关系图即可用来完成知识单元串行化。

4.设计教学内容

设计教学内容主要包括课本内容设计、辅助内容设计，目的是形成微课程资源包。从教材分析中得到的知识单元内容，是单节微课的主题。教材内容的主要呈现方式是微视频，微视频依据不同的微课程类型，也会有一些不同的特点。

（1）主题设计

首先，微视频要依照知识单元的内容设计重难点。因为知识单元本身就是粒度比较小的知识点。一般情况下，一个知识单元只会包含一到两个重难点。其次，对于以知识掌握为主题的认知型微课程，微视频的重点就在于理解基本概念、基本原理，难点就在于对复杂概念和原理的掌握。以情感、态度和价值观培养为主题的情感型微课程，微视频应以学生情感体验为主，主题应该是与生活结合紧密的案例。通过对案例的展示和讲解，体现出教师对案例本身的情绪、态度、价值判断、理性思考，从而将价值观传达给学生。技能型微课程的主题是展示技术动作、技术流程、操作标准、操作判断、应急处理等技能。例如，体操教学中的分动作讲解、实验课的操作流程和注意事项、防火防震技巧讲解等。

一节微课程不会只包含一种维度的培养目标，可能包含两种或三种维度，我们称之为混合型微课。这种微课的主题设计，首先要分清培养目标的主次；再次要依据主次，对微课进行灵活的混合式设计。

（2）过程设计

微视频是课堂教学的浓缩再现，其过程简洁而完整，整体时间约为 10 分钟，最长不宜超过 15 分钟。在这简短的时间内，要完成课题引入、内容讲解、总结收尾等过程，必须要求节奏适宜、不拖泥带水。

第一，快速引入课题。迅速地接入主题内容，给学生搭建环境或脚手架，可以更好地开展课程学习。课程可以开门见山的方式，或者从一个有趣故事、一道问题求解、一段悬念入手，让学生迅速产生兴趣，了解本课程所授知识点的内容。微课导引部分要求切入主题的方式力求新颖和引人注目，此部分时间不宜过长，半分钟到一分半钟之间即可。

第二，内容讲解主干清晰，理论简而精。引入部分之后便是内容讲解，依照知识单元的内容要求、课程培养目标、微课类型特点展开主题讲解。讲解时主线要明确，主干突出且逻辑严谨，学生不产生新的疑问。去掉可有可无的举例、证明，案例尽量精且简，力求论据准确和有力。内容主干的讲解形式应该多样，依据课程知识点的特点，可以用问题启发式、案例讲解式、故事隐喻、正反对比等技巧，在短短几分钟的讲解中，吸引学生保持注意力。

第三，总结收尾快捷。总结作为内容讲解后迅速开展的一项重要工作，可以帮助学生梳理脉络、查缺补漏、加深记忆，也给学生一定的时间吸收新知识，与已有的知识经验相结合。好的总结往往一针见血、富有特色、简洁新颖，在课程中起到画龙点睛的功效。

第四，提供测试题和布置作业。总结后提供经典例题的讲解，抽象的理论需要实践经验的基础。这一部分，可以让学生在解决问题的过程中，将内容讲解和总结过程中不能完全消化的部分再次加工和认知。这部分是否存在或具体比重，可以根据实际情况而定。教师可以通过布置作业，让学生课下练习。利用云端一体化平台，师生的作业检查、讲解、答疑等过程均可以延续。

（3）教学语言设计

在微视频的拍摄过程中，由于节奏较快，教师往往不能很好地控制讲解时间，所以提前设计好解说词、讲解结构就尤其必要。教学语言力求精简、明确，富有感染力，最好多用手势、表情。对于重点和难点内容，将关键词提取出来，在实际讲解中要紧密联系关键词逐条展开。

在认知型微课程的教学中，教学语言要注重对关键词、关键原理的复述。依照认知心理学原理，短时记忆经过精细复述可以转化为比较牢靠的长时记忆。在情感型微课程的教学中，要注意用词恰当，将语言的情感与课程情感态度培养方向调整一致，用富有感染力的语言向学生传达思想和价值观。在技能型微课程中，教师的操作动作与语言紧密结合，教学语言要客观明确，准确客观地描述每一个动作和步骤。

（4）辅助内容设计

微视频是微课程的核心资源，除此之外还应有辅助性内容资源支撑和完善课程。辅助内容从微视频的内容关系上可分为支持性内容、外延性内容、平行性内容。这些辅助性资源，可以以视频、图文、链接等方式给出。

支持性内容就是对课程内容本身的知识点进行逻辑支持、例证支持、基础理论支持、经典问题解决过程支持的支撑性材料。因为微视频时间较短，例证部分、例题讲解部分也力求精简，所以有些内容可以作为支持性内容存放在微课程资源包内。

外延性内容是与课程内容紧密相关的延展性知识。依照最近发展区理论和个性化学习理论，学生在完成课程内容主题学习以后，可以对自己感兴趣的知识进行广度和深度上的进一步探寻。这种探寻基于兴趣、情感等内驱力，效果极佳。同时，通过外延性内容提供的接口，微课可以以超过课程结构的方式与其他微课产生联结。

平行性内容主要是与课程在逻辑深度上平行的知识点。这些知识点不存在于课本教材，也不是根植于本微课内容的知识拓展或实践拓展，而是保有更强的独立性和开放性。

（5）设计教学交互

基于云平台的微课程，可以依托平分一体化的优势构建便捷、强大的师生交互。微课程建设的主题不应仅仅是资源建设，更应该将微课程的建设与平台建设相结合。

第一，学习专题设计。研究性学习是素质教育的一项重要内容，主要以学习专题的形式开展，培养学生创新意识和能力、学科间相互渗透的能力、合作的意识与能力。微课程的知识单元目标比较单一，在微课程实施过程中，可以以一节或几节微课程的主题为基础，提炼出一项研究性学习专题。微课平台提供了学习专题模块，该模块可以很好地承载学习专题的开展。

设计专题可以通过云平台通知模块发布专题任务通知，包括专题题目、专题目标、专题实施计划、学习小组分配、专题时间表、专题成果展示及验收评价等。专题题目基于一节微课程或几节围绕一个主题展开的微课程，具体表现形式为一个实际待解决的问题、一篇文献综述的要求、一次实验的设计等。

第二，教学问答设计。微课程教学方式以学生为中心构建资源环境，突出学生主体性、培养学生自主学习能力。但是就目前微课程实施状况看来，微课程师生互动存在不足。微课程可以利用云平分的教学问答系统，增强师生之间的互动。同时，针对问答系统出现人气不旺、提问积极性不高的情况，师生都要有意识地加强问答系统的使用积极性，发挥问答系统的价值。

第三，实践活动设计。微课程通常以微视频为核心，但其半结构化的特点，使单节微课也可以有其他的组织形式。例如，有些以实践为目标的课程单元，需要开展教学活动才能更好地达成目标。微课程可以采用两种策略，一种是实践演示法、虚拟实践法，通过微视频对标准实践步骤、实践现象、实践要点、实践细节、评价标准等进行讲解或示范，或通过虚拟软件及课件让学生在虚拟环境下实践操作，例如用 Flash 软件做虚拟化学实验。第二种是将微视频作为辅助资源，将活动方案作为当前微课的核心资源，微视频只作为活动范例展示活动要点。解释活动原理和合理性活动方案设计则要尽量精简，直指当前微课的目标。

（二）视频开发制作方式与工具使用

微视频开发制作方式灵活多样且技术入门门槛低，教师可以利用身边的工具进行微视频的制作。常见的微视频制作基本方式主要有利用电脑录屏软件录课、利用录像设备录课。

1.PPT+解说词+录课软件

第一，准备课程 PPT 和解说词。PPT 为画面的主要呈现方式，为教师提供授课逻辑与音画展示。PPT 要求尽量简洁、美观，切忌华而不实。PPT 设计应合理，单页内容不宜过多。学生在读取较难或内容较多的 PPT 时，如果需要经常暂停视频，那么虽然微课程时间长度被限制在 10 分钟左右，学生实际花费时间更长，这背离了微课程的初衷。教师不能直接把课堂 PPT 拿来用，需要适当修改。解说词最好提前做设计，不一定逐字逐句地设计，但一定要列好提纲、把握好重难点和分配一下时长。

第二，准备录课软件。电脑端录课软件常见的有屏幕录像大师等。这些软件功能强大，且操作简单，教师经过简单培训即可上手。录制视频的常见分辨率一般有 720×576、1024×768、1280×800，帧速率不超过25 FPS，录制颜色最好设置为 16 位（bit），保存格式以常见的 MPG、WMV、AVI 等为宜。

第三，后期剪辑。后期剪辑的目的主要是去掉录制时的错误内容、删掉重复内容及语病、修饰不清晰的音频、适当的特效包装技术等。微课程的剪辑区别于电影电视的节目剪辑，主要剪辑目标是清晰、完整地呈现教学内容。所以，微视频在画面取舍上，不拘束于画面的连续与完美衔接，但要尽量保证授课过程流畅，不产生歧义。

2.绘图板+电子白板软件+解说词+录课软件

该方案在录课软件和后期剪辑环节要求与方案基本一致，其特点是主要呈现工具为绘图板。绘图板结合电脑端的绘图软件或电子白板软件，教师可以实现手写教学板书的功能。常见的绘图软件或电子白板软件有 Adobe photoshop、Eduffice 等，教师可以经过短期培训，快速掌握与课程相关的软件操作技巧。这种方案非常有利于推理证明过程和复杂关系的呈现，教师自由度高且类似于课堂黑板板书。一些图片、音频、视频、实物等教学元素，可以在录课过程中借助其他软件呈现，也可以放置到后期进行剪辑。

3.纸笔/电子白板/液晶屏幕/抠像技术+摄像机

这种方案成本较高，制作周期也较长，适合在学校有计划、有目的的微课程建设中开展。电子白板、交互式液晶屏有极强的交互特性，可以直接持笔书写，展示多媒体文件，是比较理想的展示平台，但是成本比较高。投影仪和液晶屏幕可以用来呈现 PPS、多媒体文件，成本相对低廉。也可以利用抠像技术，制作人员在绿背景或蓝背景下先前期采集，然后利用后期软件去掉背景色，添加动态背景、知识要点、音画资源。摄像机采用单机位即可，拍摄过程由专门的拍摄人员负责，教师可以不用理会具体参数细节。

4.课堂实录+双机位

课堂实录一般有很强的即视感，师生互动比较多，容易让观看微视频的学生产生身临其境的体验。同时，真实课堂上教师细小的肢体语言和表情都会被记录下来，现场录制可以让学生获得更多隐性信息。课堂实录的优势在于记录了师生互动，所以如果只有单机位就会很难操控，建议采用双机位录制，同步录制教师讲解和学生学习提问。同时，这种微视频制作方式可以是录制现实的课堂环境，也可以是录制专门搭建的微课程环境。

三、微课平台建设

（一）微课平台的构建

1.页面风格设计

微课网站界面的设计应当以简洁、美观为主，色彩、文字、图片、视频的使用风格要统一，排列清晰有序。网站页面以浅色为主，营造轻松、舒适的页面感受。

2.系统功能结构的建立

网站功能模块主要包括网站帮助系统、资源中心、论坛、检索系统、后台管理五大模块。

网站的帮助系统主要包括网站使用说明、资源上传规范说明、留言板和论坛板块使用说明，同时提供系统留言板，支持匿名留言，解答用户使用中的疑难问题，帮助系统和用户有效操作微课资源网站。

微课资源中心是微课资源网站建设的核心。对资源中心的资源分类依据课程进行划分，这样有助于用户迅速查找相关课程资源。同时，在论坛模块以同样的方式划分论坛板块，与资源中心相呼应，并将注册用户的操作信息同步发布。例如，在资源中心上传资源后，会在论坛相应板块自动发布一条带有超级链接的该用户；上传资源的帖子；推荐与评价功能，同时通过设置注册用户的角色信息，实现对注册用户的个性化资源推送功能。

资源的功能如下：

①资源订阅功能，通过 XML 语言实现资源库向不同需求的注册用户个性化推送。一旦网络上传了用户订阅的偏好资源，系统即可以以短信、邮件的形式直接向用户推送该资源。

②资源收藏功能为注册用户提供网络在线资源收藏功能。用户对自己上传、下载或喜爱的资源，可以直接分类保存在用户网络收藏夹中，以便用户管理自己的学习资源。

③资源的检索功能分为分类检索和综合检索。分类检索是用户可以依据资源的专业、年级、学院属性直接进行检索；综合检索可以实现以标题、关键字、专业和作者等数据的核心资源属性进行检索。

④资源评价功能可以实现用户对微课资源的评分、评论，评分结果计入系统推荐功能模块，在首页实现对资源的评分排序推荐。

⑤论坛功能为用户提供交流的平台，论坛板块分类与资源中心的资源分类同步，当资源中心注册用户上传相关资源后，在论坛相应板块也会直接新建帖子，提供该上传资源的链接地址。同时，论坛可以实现与 QQ 账号绑定，个人发言信息可以在微博同步广播。注册教师用户可以根据教学的需求，向管理员申请新建课程讨论板块，在板块内讨论的内容，教师有权进行审查、删除。

⑥后台管理模块可以对网站的所有上传资源、论坛、网站注册用户进行管理，并且可以实现对注册用户网络学习行为的统计，包括注册用户在线时长、发帖频率、资源上

传与下载频率等，并以报表的形式呈现给后台管理员。在网站管理模块中，管理人员的角色划分为网站管理员、教师、学生三个不同权限的组。

（二）用户角色权限的建设

根据微课网站的使用对象，将网站用户分为四类，即教师、学生、匿名用户、网站管理员，具体权限如下。

第一，匿名用户权限包括检索、查询、获取资源，可以对访问的资源进行留言评价，还可以通过网站留言板获得支持。

第二，学生注册用户除了拥有匿名用户的权限外，还拥有以下权限：

①资源管理权限。资源的上传与下载，对自己上传的资源进行再编辑，包括查看、删除、修改，对喜爱的资源进行收藏、订阅。

②论坛权限。用户基本信息维护，参与论坛讨论，申请加入特定教师课程讨论组，向论坛注册用户发送站内短消息，留言板块留言。

第三，教师注册用户除了拥有学生用户的所有权限之外，在资源与论坛权限方面还拥有以下特权：

①资源管理权限。教师可以对相关类目下的微课资源进行管理，包括对该网站相关资源进行查看、删除、修改、上传与评价。

②论坛权限。教师有权申请设立独立的课程讨论板块，并有权新建用户组，对该用户组学生用户进行管理。例如，教师能够为新建用户组的学生发放学习资料、发送群组消息、推荐资源、管理组内学生上传内容、查看学生网络学习行为的统计信息，包括学生上网时长、逗留板块、发言频次等。

第四，网站管理员对用户的管理包括添加、删除、修改学生和教师用户的信息与权限。对网站资源的管理，包括对资源入库的审核，资源的编辑、删除；对论坛的全面管理，包括帖子审核、屏蔽、删除、修改；同时也可以查看整个网站注册用户的网络行为统计信息（包括登录次数、在线时长、发言频次、登录板块分布等）。

（三）微课网站运行流程

教师可以充分使用微课网站辅助课堂教学，在课堂教学开始之前，教师可以首先通过微课资源网站发布课程相关信息，包括使用论坛专属板块、教师个人微博、邮件推送等方式，向班级学生提供课程资料（包括微课视频、教学课件、讲稿等）、布置课程任务、提出讨论主题，学生及时参与互动，自由上传搜集来的各种课程相关资源，由教师审核后发布至网站，为课堂教学的展开打好基础。在课堂教学过程中，学生依据自学的网络课程资源与讨论主题，在课堂上与教师展开互动，依据网站平台的学生网络学习行为统计信息，对已经参与网络学习讨论的学生，直接回答其学习疑惑；对未进行网络学习的学生，引入新课，讲解要点，布置任务，督促学习，有针对性地区别辅导。课后，再次通过微课资源网站，汇总讨论问题，上传新课任务。

学生在课前通过微课资源网站等方式，自主学习教师布置的新课任务，收集学习各类课程相关资源，并将自己认为较好的资源上传至微课网站，提交教师审核。同时整理学习疑问，在课堂上集中与教师和同学讨论，课后再通过微课资源网站发帖或向教师发邮件解决遗留问题，接收教师新课内容，开始下一单元的学习。

四、高校微课教学实践活动的应用

（一）微课在教学实践活动中应用的原则

微课是借助先进的信息技术和网络平台实现的，其积极作用不能低估。它表现在优质资源共享和自学的灵活性上。

1.吸引原则

教师所开发的微课要能对消费者——学生形成一定的吸引力。要想让微课成为资源建设的一支生力军，作为微课开发者，一定要站在学生的角度来下功夫。这方面可以从微课的易学性和趣味性上做文章，所开发的微课应该使消费者流连忘返，教师要放下开发者的骄傲姿态，使得开发的微课符合学生的认知特点。只有消费者不停地反复点击观看，才能发挥出这种学习资源的效力，使学生满载而归。

2.效用原则

教师开发的微课要在保证微小的前提下，使学生觉得这些微小的学习资源有用。微课开发者不要在一些没有教育或者学习价值，但是做起来表面漂亮的资源上做文章，这是一切微课都要参照的原则。

3.灵活原则

微课被引入课程教学的过程中，可以是在课前、课中或者课后等节点灵活应用。在课前，学生个体自主学习微课，预先了解授课内容，便于师生在课堂上探讨问题，直至学生掌握该知识点或技能。在课中应用微课，教师将微课当作纯粹的教学资源。在教学需要时，集中播放给学生观看，帮助学生更加形象和直观地理解重难点知识。在课后应用微课，为学生提供可以反复学习的课程视频，保证每一个学生都能掌握课堂知识。这种方式能够帮助学生自主补习，反复学习，直到学会为止。

4.反馈原则

微课开发、应用与交流共享之后，需要对微课程进行多元评价和微课程的教学与应用评价，为接下来微课程内容的设计与开发提供指导和参考意见。教育评价、多元评价等多种评价方法都可以用于微课程的评价，及时的评价与教学反思可以促进优秀微课的开发与共享。

（二）微课教学实践活动的标准

1.微课应符合课程教学大纲要求

微课内容要与教学内容匹配，反映教学重点、难点或关键知识点。微课要有一定的思想性、启发性和引导性，具有很好的辅助教学效果。微课要表述准确，无科学性、知识性、文字性错误。微课的教学目标不能超过教学大纲的要求，不能包括过多的教学内容，要符合课程要求及专业教学标准，符合学生认知能力和水平。微课整体设计要新颖且有创意，具有较大的推广价值。

2.微课应符合学生的学习心理

微课应减少学生的学习时间，提高学生的学习信心和兴趣，创造良好的学习情境。微课的内容要难易适中，深入浅出，适于相应认知水平的学生。有利于激发学生学习热情，有利于学习理解，注重能力培养，注重学生的素质教育。微课应注重教学互动，能起到启发学生思考、激发学生主动学习的效果。

3.微课应表现教师的教学艺术和教学风格

教师教学语言规范、清晰、准确、简明。教师仪表得当，严守职业规范，能展现良好的教学风貌和个人魅力。微课教学应有创意，能充分表现教师的教学技能。

4.微课应提供完整的教学资源

除了微课本身要有主题明确的微课程名称、片头、内容、片尾、字幕等完整的媒体文件外，微课的开发者应提供教学设计、教学课件、学生作业等其他教学资源。

5.微课教学实践对多媒体的要求

（1）视频技术要求

微课一般采用流媒体格式。微课启动时间要短，片头设计一目了然，进入主题快捷。微课应插入一定的字幕，一是解决教师语言表达和视频表达的难点问题；二是用文字加强对学生知识的记忆。微课进程节奏要快，片头和片尾要简短，主题部分要丰满，镜头切换和蒙太奇手法运用合理。视频素材不应有抖动或镜头焦距不准的情况，镜头推拉要稳定，要保证主体的亮度。背景音乐和解说要清晰，解说要用普通话，音量和混响时间适当，音乐体裁与内容要协调。微课播放时要稳定性好、容错性好、安全性好、无意外中断、无链接错误。要使其操作方便、灵活，交互性强，人机界面简洁。

（2）动画技术要求

除与视频技术要求相似外，动画中的配色方案要协调，颜色不夸张，不暗淡。用二维空间表现的立体层次分明，进场和出场前后顺序不能颠倒，动画运动速度合理，视觉不应产生错觉。动画中的字幕规范，字号不宜过大或过小，字体运用合理，字幕不宜过多，以防干扰学生的注意力。动画所演示的概念、原理、结构及其他信息不应使学生理解错误或误会。动画设计应有必要的交互和链接，播放时尽量不用特殊的插件。

（3）课件技术要求

课件中文字大小应符合人体工程学的要求，文字配色要与课件配色方案相符合，每个幻灯片中的文字不宜过多，只能用提纲式的文字，不能用过多的文字来代替教学内容。图形或图像应采用 JPG、GIF、PNG 等常用格式，彩色图像的颜色数不少于 256 色，对色彩要求较高的图像建议使用全真彩，灰度图像的灰度级不低于 128 级，合理使用照片和剪贴画，照片不宜占满屏幕。课件应尽可能利用图片、图表、表格、流程图、双向表、插画等。课件中动画效果不宜过多、过杂，避免转移学生的注意力。

（4）艺术性标准

微课界面布局要合理、新颖、活泼、有创意、整体风格统一，色彩搭配协调、效果好，符合视觉心理。在构图上要合理组织画面，合理分割画面，主体元素突出。在色彩设计上要处理好对比与协调、变化与统一的关系。颜色不宜过多、过杂，在统一的色调中寻求变化。文字要简明扼要，纲要突出，字体、字号和字形要与微课协调，不使用繁体字或变形字。视频拍摄的角度、视距和镜头推拉要合理，主体、光照条件和背景亮度要协调好。解说、背景音乐和音响效果要搭配好，并与视频或动画主体的时间合拍，不得相互干扰。

（三）微课应用的范围

1.适于教师在备课时借鉴学习

通过微课可以募集到许多优秀教师的讲课课件，这些优秀教师对课程标准的理解、对教材的分析、对课堂教学的设计是难得的课程资源。如果教师在备课时能学习、借鉴这些优秀资源，一方面会提高个人的专业素养；另一方面可以直接借鉴学习，提高自己的教学水平。因为微视频不同于过去网上的课堂实录和优秀教案，它是以 PPT 课件的形式配以教师的讲解，对教师的备课能起到直接的启迪借鉴作用。

2.适于学生的课后复习

根据德国心理学家艾宾浩斯的遗忘规律，学生在课堂上学得再扎实，过后不复习也会遗忘。学生在复习时如果能够观看教师的微视频，会加深自己对教材的理解，会重现教师讲课的情景，激活记忆的细胞，提高复习的效果。所以，教师在课后可以把自己的微视频放到网络上，供学生复习时参考。

3.适于缺课学生的补课和异地学习

有些学生因病或因事缺课，过后找教师补课，一是教师不一定有时间及时给学生补课；二是教师补课时也不会完全像在课堂上讲课那么具体。有了微视频，学生即使在外地，也可以通过网络下载教师的微课自学，及时补上所缺的课程，使"固定学习"变为"移动学习"。现在笔记本电脑、平板、智能手机比较普遍，携带方便，这些设备都能实现移动学习。

4.适于假期学生的自学

学生每年的寒暑假时间都比较长，除了参加一些必要的社会实践活动外，有些学生会预习和复习课堂学习的内容。如果教师能够根据学生的需要事先录制一些微课帮助学生预习或复习，也能够提高学生的自学效果。当然，用于预习的视频要区别于教师讲课的视频。

（四）微课教学实践活动的策略

微课作为一个新事物，需要综合考虑学科特点、知识类型、学生特征等影响因素，其在教学实践中的效果也需进一步探索。

1.微课教学应突破传统教学

微课教学不必遵循传统教学线性的设计过程，它可以是一个动态的、网状的、循序渐进的、形散而神不散的教与学的过程。一个完美的教学过程应体现出控制性和释放性的统一。因此，微课应突破传统教学，做到教师教学与学生学习"学教并重"的统一步调，"以教师为主导，学生为主体"的"双主结合"，从而实现学生、教师、微课和技术四个实体要素动态交互的过程。

2.微课教学应打破等同于微视频教学的思想偏见

有很多教育工作者片面地认为，微课等同于包含某个知识点或者教学环节的微视频。其实不然，微课不仅包含微视频，也包括音频及多媒体文件的形式，同时还包含与教学主题相关的教学设计、素材课件、教学反思、练习测试及学生反馈、教学点评等教学支持资源。微课在教学实践中，应注重的是利用信息技术手段与某个知识点或教学环节进行深度融合，而不是拘泥于信息技术媒介的外在表现形式。

3.微课教学应注重时间与空间的连续与统一

微课为符合学生的视觉驻留规律及其认知特点，将教学内容以片段化的方式呈现，虽有助于学生的深度学习，但碎片化的知识给课堂内容的统一、系统化整合带来了巨大的挑战。因此，微课的设计并不是对课堂教学内容进行切割，而是对课程中所出现的重点、疑点、难点进行精心的信息化教学设计，确定好时间单元；在保持知识相对独立性的同时，又与实际教学内容的整体性相联系。此外，学生应有效地使用教学支持工具，充分利用零散时间开展移动学习，做到课内正式学习与课外非正式学习的统一与连续。

4.微课教学应实证应用于具体的教学情境

微课教学是否科学，应用效果如何，不是通过简单理论归因、专家评判就能得出的，而是需要将其应用到具体的教学情境中，对教与学的环境、条件、因素等各方面开展实证研究，才能更加科学、客观地设计、开发以及实施微课，从而提高学生的学习效果。因此，微课教学应用要注意以下三个方面：

（1）要与常规课程相结合

微课是对重点、难点或某个知识的解释，是常规课程的有益补充，使用时必须与课程相结合。

（2）要与课程特色相结合

微课表现的内容必须体现课程的特色，用微课作为课程的名片。

（3）要与学生的学习兴趣相结合

将学生感兴趣、关注的知识内容用微课展示出来，这样才能吸引学生，获得好的学习效果。

在微课教学过程中，教师必须学习先进的教育理念，提升学科专业水平，强调以生为本的思想，掌握信息技术的手段。因此，针对微课教学，应注意以下要求：

第一，把握课程知识。微课的制作常常需要教师打破原有的知识结构和教学体系，重组教学内容，因此需要教师将教学内容烂熟于心，能够信手拈来，有高度的知识驾驭能力。

第二，谙熟教学技巧。怎样在很短的时间内将知识讲解清楚，这需要教师有非常娴熟的教学技巧，能够熟练运用各种教学工具与方法，掌握教学过程中的每一个环节。

第三，变革教学模式。在教学实践中使用微课，需要变革原有的教学模式，比如采取翻转课堂等方式，这样才能充分发挥微课的作用。因此，教师要有变革教学的勇气，敢于开展教学改革。

第四，了解学生需求。微课是以学生为主体体现学生的学习需求。因此，教师需要换位思考，充分理解和思考学生在学习过程中的各种问题与需要。

第五，追求教书育人。教师是园丁，不仅传播知识，还要教书育人。微课可以将点滴的教育思想和为人处世的原则潜移默化地传播给学生，起到传统课堂说教达不到的效果。因此，教师在利用微课传递知识的同时，要尽量融入育人和文化内涵。

（五）微课教学实践活动的评价

1.教学实践活动的评价方法

教学评价的方法是指评价者为了实现教学评价的目的所采用的活动方式、程序和手段，教学评价方法种类繁多，教学活动的每一方面，如教师的课堂教学、课外辅导、教学成绩，学生的学业成就、劳动技能、思想品德等，都需要有特定方法进行评价。下面将介绍教学评价中具有共性的、通用的一般方法。

（1）相对评价法

相对评价法是在评价对象的集合中选取一个或若干个作为基准，然后把各个评价对象与基准进行比较的评价方法。相对评价法的优点是适应性强、应用面广，不管这个团体状况如何，都可以进行比较，都能评出个体在集体中的相对位置，用建立在对象评价、对象群体测评基础之上的标准进行评价，发现个别差异，从而对被评个体做出较为客观、公正和确切的判断，有利于激发评价对象的竞争意识。相对评价法的缺点是评选出来的优秀者未必真正高水平、高质量，未被选上的也不一定水平低，所以容易降低客观标准。评价的结果所反映的只是评价对象在一定范围内的相对位置，不一定反映他们的实际水平，易忽视教育目标的完成情况。

（2）绝对评价法

绝对评价法是在被评价对象的集合以外确定一个客观标准，将评价对象与这一客观标准相比较，以判断其所处水平的评价方法。绝对评价的特点：①标准明确客观，与被评群体相对独立，而且在测量评价之前就已确定；②评价结论是通过将被评的实际水平与客观标准直接比较而得到的，不依赖被评所在群体的状态水平；③评价结果得分的分布情况，事先不做硬性规定，不强行把被评的距离拉开，不要求必须分出上、中、下的等级，而是希望达标者越多越好。

（3）个体差异评价法

个体差异评价法是以被评价对象自身某一时期的发展水平为标准，判断其发展状况的评价方法。

个体差异评价法最大的优点是充分体现了尊重个体差异的因材施教原则，并适当减轻了被评价对象的压力。但由于评价本身缺乏客观标准，不易给被评价对象提供明确的目标，难以发挥评价的应有功能。

（4）自我评价法

被评对象依据评价标准对自身所做的评定和价值判断称为自我评价。在教学评价中，学生对自己的思想品德、知识、能力、身体状况等评价，教师对自己的教学思想、内容、方法、态度、效果等评价，学校对自身的教学管理、教学质量评价等，都是自我评价在教学评价中的具体体现。

（5）外部评价法

外部评价又称他人评价，是指被评对象以外的组织或个人依据评价标准对被评者所实施的评价活动，它主要包括同学之间的评价、教师对学生的评价、教师间的评价、领导评价等。外部评价是教学评价的重要形式与方法。只有科学、客观地进行他评，才能更好地发挥教学评价的鉴定作用，更好地发挥其激励功能，促进被评者改进工作，健康发展。

2.微课教学实践活动的评价原则

根据教学评价的含义和方法，结合微课的功能与特征，应该在微课教学评价的原则上注意以下几个方面：

第一，科学性原则，主要包括：①基本概念、定理、定义、公式的描述准确，例证真实可靠；②分析、推理和论述严谨，实证步骤正确；③解说精确、术语规范、文字符号准确。

第二，教育性原则，主要包括：①符合教育方针，教学目标明确，对学生掌握知识、发展能力起到促进作用；②理论联系实际，取材适当，有针对性，选题突出重点、突破难点；③符合教学原理和认知规律，分析推理深入浅出，富有启发性，形象直观，能使过于理性的知识感性化、抽象的知识形象化、枯燥的知识趣味化、深奥的知识通俗化；④形象生动，能充分调动学生的视觉、感觉、听觉等多种器官，便于学习和记忆，能有效提高学习的效率。

第三，实用性原则，主要包括：①操作简单，容错能力强，界面良好；②选题科学合理，内容选择恰当；③能够切实提高学生的学习效率，有利于加强学生对知识的理解和掌握。

第四，艺术性原则，主要包括：①创意新颖，构思巧妙，节奏合理，具有展现力和感染力；②画面美观流畅，切换过渡自然，整体设计合理，画面突出主题，表达能力强；③声音清晰，无杂音，配合文字、图片，能调动人的各种感官。

第五，技术性原则，主要包括：①图像、声音、文本设计合理，画面清晰，字幕清楚；②声像同步，音量适当；③课程可以跨平台使用，安全可靠，不受错误操作影响，容错能力强，在不同配置的计算机上运行无障碍。

3.微课教学实践活动的评价策略

由于微课评价指标的角度不同，所以每个评审标准会略有不同，但其评价策略却是相似的。

（1）采取定量评价与定性评价相结合的方法

评价体系过分地量化，容易将一些无法量化的内容排除在外，从而影响评价结果的真实、可靠。因此，应采取定性、定量相结合的方式，搜集全面、有效的数据进行评价，提高评价结果的可靠性与可比性。

（2）创建一套完善的评价反馈体系

评价反馈对于准确、清晰地认识微课的建设与使用情况具有重要的意义，同时有利于帮助开发者及时发现存在的问题和不足，提高微课效益。评价反馈体系的创建，应该充分发挥专家小组和网络评价的意见。

（3）统计加权法设定指标的权重

通过统计加权法设定指标的权重，以最大限度地减少评价的随意性，使评价更加科学合理。加权不仅可以显示某些指标在评价体系中的重要程度，而且是评价指标体系取得可比性和客观性的基本保证。

（4）从微课自身特点出发，形成立体化的评价体系

根据微课的特点，从内容到形式，形成一个立体、全面的评价体系。在教学评价中，注重教学效果的总体评价、学生评价、同行评价等方面的同时，要更加重视对学生自身的评价以及同伴的评价，进而实现多方位、多角度的教与学的评价，保障人才培养质量。

（5）采用评价反馈再评价的方法

教学评价本身就是一个循环往复的过程，对前次评价的结果进行分析，实际上就是对上一轮评价进行一个全过程的检验，从而为下一次评价提供有效的信息。

第四节　现代教育技术创新——翻转课堂

随着教育改革的不断深入，西方大量教育方法手段引入国内，翻转课堂教育模式就是其中的一种。翻转课堂教育模式以灵活的组织方式，避免传统课堂教学中存在的一些问题，给现代教育提供了成功经验，也引发了笔者的一些思考。

一、翻转课堂的起源

作为一种西方现代教育模式，翻转课堂起源于 2007 年，美国科罗拉多州的教师乔纳森·伯尔曼和亚伦·萨姆斯采用录屏软件形式录制 PPT 演示文稿，上传到网络，供不能到校上课的学生学习。出乎意料的是，除了没来上课的学生，连正常上课的也能通过这些在线资源对课程进行预习和复习，并取得了良好的学习效果。因此两位教师就开始尝试改变传统的授课形式，让学生课前观看教师录制的视频，而课堂上主要是完成作业和

讨论。随后几年里，翻转课堂的成功经验被美国的学校推广，并形成一套较为系统的理论。

二、翻转课堂的思考与探索

（一）翻转课堂的意义及价值

翻转课堂从形式上看，是对传统教学过程的颠覆。学习过程是由知识传授和知识内化两阶段组成的。知识传授是指教师通过多种教学法将知识传递给学生的过程。知识内化是将传递的知识通过学生的认知活动重新组合而转化成内部能力的过程。传统的教学过程是在课堂上完成知识传授，课后完成知识内化。而翻转课堂是将这两个阶段进行了顺序调整。课前学生通过观看教师提前准备的视频完成知识传授，而知识内化则是选择在课堂上通过讨论和习题作业来完成。表面上翻转课堂翻转的是"时间"，本质上所翻转的是原有的组织模式，将教师与学生重新组织，以更符合学生发展特点以及发展需求，对课堂和课外的教学形式进行了一次重要改革。

（二）正确实施翻转课堂

学生也不是纯粹孤立地观看视频，而是要参与实质性的社交讨论和课堂互动，发现问题，分析问题，解决问题。学生成为问题解决者的主体，教师成为其协助者。翻转课堂可以让所有学生参与到学习中，促进师生之间的互动和个性化沟通。

一门成功的翻转课堂，其操作要点必须达到以下条件：

1.视频的制作与设计

翻转课堂对教师制作视频的水平提出了更高的要求。视频不是课堂教学的录制，而是具备短小精悍、信息清晰等要素。根据人的接受能力分析，通常在 10 分钟以内人的专注度最高，因此视频的播放时间也控制在 15 分钟左右，力争在较短的时间内，就把知识点梳理清楚。视频内容可以在计算机设备及网络中长期保存，随时进行修正和提供查阅。

2.学习问题的设计

为了达到更好的教学效果，教师应该首先在学生观看视频之前，就设计好相关的问题，让学生带着问题去学习，边看视频边思考。视频不是课堂，因此在时间允许的情况下，学生可以重播或着重在某个点重复观看。对于不懂的地方，也可以通过互联网优质资源查询资料。

3.学后问题的提出

通常情况下，学生不可能通过观看视频就能解决学习中所有的问题。课外看视频，只是允许学生在独立的空间自我学习，学习时间是自我控制的，但是学习中产生的难点或困惑，单靠学生个体不是能一次性全部解决掉的，即使有网络资源的帮助也难以做到。这就需要学生把自己的问题带到课堂中来，由教师组织，师生进行面对面的交流和同学间的彼此讨论。共性的问题可以集中商讨，寻求解决办法，个体问题可以单独交流。

4.课堂的组织

教师应该改变课堂中的角色，由原来的讲授者转变成"教练"或者"训练者"，训练学生对问题的发现、分析、解决的能力。观看视频是一个知识接受的过程，讨论是将知识转变成能力的过程。视频是基础，讨论才是目标，有目的的讨论对学生知识的学习和能力的培养都具有积极意义。

（三）教学质量控制

学生的学习过程由两个阶段组成：信息传递和吸收内化。信息传递主要是通过观看视频、师生互动来实现；吸收内化需要教师了解每个学生的掌握情况，根据不同的学生特点以及出现的学习困难，在课堂上给予有效的辅导。因此教学质量的控制可以从信息传递和吸收内化两方面入手，如可以通过质量监控表格的形式了解学生观看视频、吸收知识的情况，也可以通过课堂问答的形式掌握学生对学过的内容是否有举一反三的能力。

作为一种新兴教育模式，翻转课堂使教学更科学、学习更主动，与其他教学方法相重叠，充分发挥现代信息技术的优势。与传统教育相比较，可增强课堂的互动性，体现学生个性化教育。在现代职业教育中融入翻转课堂，如能结合职业教育的特点，科学地运用翻转课堂技术，真正体现出其优势，对促进职业教育乃至普通教育的改革与发展都会产生深远的影响。

第四章 互联网+课堂新型教学模式的探索

第一节 互联网+新型教学模式的特征和意义

一、互联网+新型教学模式

互联网+教学主要是以超媒体技术为基础，以超媒体环境为支持的一种新型的教学模式。从学习环境上来看，互联网+新型教学模式是以多媒体信息环境为教学基础的，这种基于超媒体的教学方式，其实质是一种多媒体信息教学。这种教学模式的出现，对课堂教学模式的探索与发展具有重要意义。

在互联网+新型教学模式环境中，信息是通过教学内容呈现出来的。同时，通过多媒体设备能将教师搜集到的这些信息传递和表达出去。在现阶段的教学中，教师主要通过图片、文本、动画以及声音等方式来传递教学信息。信息内容的获取与教学互动都是以超媒体环境为基础，学生通过运用多媒体平台可以实现教学内容的非线性获取，同时通过多媒体互动平台实现与师生、同学沟通交流。在互联网+教学模式下，互联网教学系统中包含丰富的教学信息，这种教学信息的组合属于非传统的线性文本。在互联网+教学环境中具有丰富的信息节点，这些信息节点之间的多页面链接则构成信息的非线性组合，并通过不同的分类实现这些学习信息的多维度导航。

通过超媒体交互可以实现一系列的学习活动，例如，学生可以通过互联网进行自主学习，继而利用便捷的交互平台实现交互活动，教师则可以通过交互活动掌握学生的学习动态并及时更新信息。互联网+教学环境的多种传递形式可以实现信息整合，而丰富的信息节点链接可以让学生进行实时访问，且信息的储存不受时空限制，充分满足了随时随地学习的环境与技术支持。互联网+教学模式被称为极具发展前景的教学模式，互联网教学系统为教师、学生以及学者提供了新的教学和研究方向，通过在教学中融入互联网+教学模式，有利于实现教学模式的新发展。

首先，互联网+教学模式是以教室为基本单位的互联网教学模式。在这种教学模式下，教师作为教学活动的主要引导者，通过利用多媒体技术将教学内容制作成教学课件。然后，借助教室的多媒体网络环境在计算机上进行授课，实现即时调度。在此种教学环境中，学生能根据自己的需求查看或保存教学课件中的相关内容或其他教学资料；教师也可以通过便捷的网络环境制作并上传测试习题，学生则通过互联网环境进行自主学习或练习；学生提交课堂作业也可以通过网络实现，学生只需要在局域网服务器将课堂作业上传至平台，教师通过下载即可收到学生的作业；同时，教师可以实时为学生进行答疑解惑，师生可以及时快速地获取资源信息，为师生交流提供了便利的环境基础以及技术支持。

其次，互联网+教学模式是以互联网教学视频为传播载体的教学模式。在这种教学模式下，教师前期设计并制作好教学视频，通过互联网服务器将教学视频上传并分享给学生。这些教学视频包括基础教学内容以及延伸辅助资料，以充分满足学生的学习需求。同时，教学视频通过丰富的影像画面将教师教学与教材内容紧密结合，充分符合学生联想记忆学习的特点；按照内容属性进行组合的视频，将大量的教学内容与信息资源囊括其中，具有学习需求的多样性及连贯性等特点。这种教学模式可以让学生根据自身需求进行自主学习，能够适应不同学生的学习时间、学习环境以及学习兴趣（需求）等多种差异，使得学生可以自行下载或观看教学视频，并自主利用视频调控学习节奏，实现学生对教学内容的全面掌握以及巩固内化。

再次，互联网+教学模式是以互联网为基础环境的教学模式。教师利用 Internet 网络和网络链接技术下载教学资源，将制作的教学课件或教学视频上传至 Web 服务器；学生则可以进入网络平台进行认证登记，访问相关教学站点，观看或下载网络平台的教学资源。这种建立在互联网基础上的教学模式，打破了传统教学的时空限制，教师和学生可以实现实时互动、学习；同时，学生的学习资源也更加丰富多样。除了教师制作的教学课件、教学视频和教学资源等，还可以通过站内链接直接访问相关站点，如其他院校的学习互动平台，了解优秀的教学案例，或请教其他学校的教师、学者；此外，除了提高教师的教学效率，还可以有效缓解部分学校教学内容相对滞后、教师资源相对缺乏的状况。

此外，互联网+教学模式是以教师个人网站为传播基础的教学模式。教师根据教学目标、教学内容、学生的学习水平及学习需求制作教学方案，从而根据教学方案进行教学设计、教学课件、教学资源的制作。教师通过个人网站将教学资料上传并分享给学生，学生则进入这个网站了解和阅读教学内容，实现教学资源（视频）的观看与下载。同时，学生可以通过多种网络互动形式向教师请教疑难问题：教师则可以通过网站互动平台收集学生的学习反馈、意见等，及时掌握学生的学习动态，帮助学生解答疑惑；并根据学生的学习情况进行学生自主学习以及课外学习的辅导和调控。

最后，互联网+教学模式还是以教师博客为传播媒介的教学模式。这种模式主要适用于教学交流过程。教师通过在互联网上注册博客，然后将博客网址分享给学生，学生则可以进入教师博客实现互动交流。教师也可以通过发表个人博客文章让学生了解到课堂延伸知识或其他教学内容，学生可以对遇到的问题进行留言，与教师或同学共同探讨。这种互动相对于教学平台的及时互动，可以给学生更多的思考空间，还便于教师收集整理学生的学习反馈。此外，由于博客媒介的教学环境较为轻松，学生能表达除学习外的多种疑惑，能帮助教师全面了解学生。在拉近师生距离的同时，利于教师教学活动的开展。同时，教师还可以观察了解学生的道德素质、学习能力、社会责任等，以更好地促进学生的综合素质培养。

二、互联网+新型教学模式的特征

互联网+新型教学模式充分发挥了互联网和多媒体在教学中的作用，结合文字、图形、声音、动画、视频等多种形式展现教学内容，丰富了教学模式，促进教学内容的全面展示，让学生能更好地理解和吸收教学内容，进而更好地实现教学目的。与此同时，互联网+新型教学模式还借助网络的优势加强教学管理，实现了教学资料的远程共享和网络访问，为教学提供了诸多便利，其主要特征有：

（一）教学内容的丰富性

互联网+新型教学模式在教学内容上具有明显的丰富性特征，这体现在教学课件内容的丰富多样上。通过网络链接，使得教学内容不仅仅局限于书本，学生也能够通过互联网浏览、下载教学课件、练习试题以及课外资料等诸多学习资源。

（二）表现形式的多样性

互联网+新型教学模式在教学内容的表现形式上具有多样性。多媒体技术的应用实现了文本、声音、图像多种媒体的统一，通过多种形式表达教学内容，丰富了信息的表现力。通过多种表现形式共同作用于学生，教学内容通过声画传达出来，刺激学生的感官，帮助学生通过认知、联想、思考、反馈等活动学习知识，活跃思维，构建知识体系，优化学习能力。

（三）教学资源的共享性

互联网+新型教学模式下教学资源的使用具有共享性。教师可以通过互联网下载相关教学资料制作教学课件，学生则通过网络平台观看或下载教师分享的教学资源。此外，这些教学资源不仅为教师和学生所用，还可以被任何互联网用户观看、保存和分享。例如，不同院校的教师可以从互联网平台进行教学课件的共享，实现教学资源跨区域的优化组合。从教学资源的使用、学习等活动中，全面体现了互联网+教学模式下教学资源的使用共享性。

（四）教学信息的综合性

网络能够整合各种超文本和超媒体技术，有多种表现形式，且在表达和传递信息的时候不会受到时间和空间的限制。随着社会经济的发展，教学的需求也在不断增多，根据教学的需要以及学生的需求，可以促使教学内容更加生动形象地表现在学生面前。能够促使学生自主地调动各种感官来配合以及更深层次地理解教学知识。同时，网络信息教学是运用多种符号进行的。信息的容量比较大，且知识比较全面，学生容易接受其知识；同时，在课后也能进行知识的拷贝，从而进一步提高学习的效果。

（五）教学过程的交互性

多媒体技术具有一定的远程功能，能够促使学生获得更多的图文教育信息。同时，因为教学过程是互动性的，能够促使学生对学习的知识产生兴趣，从而进行主动的学习。其次，在进行学习的过程中，实现教学过程的交互性也可以让学生及时地看到自己学习上的弱点，从而不断调整自己的学习状态，提高学习的效率和质量。同时，远程技术也能够为广大师生提供超越了时空限制的开放的教学环境以及提供更多交流的可能性。在这种比较宽松的环境之下，学生不用受到教材、教师教学进度以及知识的制约，而可以根据自己的需求来制订自己的学习计划,在学习的内容、地点以及时间等上掌握主动权。总的来说,多媒体网络教学的发展,促进了师生教学过程中的双向互动,有利于学生实现自我更好的发展。

三、互联网+新型教学模式的意义

互联网教学方法是在互联网影响下的一种新的教学模式,互联网教学离不开计算机的使用,同时也必须使用一些多媒体设备以及网络技术,再结合现代化的教学手段,来进行教学活动的一种方法,互联网教学能够促进教学资源得到共享。

而互联网+的教学模式拥有很多的优势,在互联网+的教学模式当中,整个教学过程中包括了教师和学生,以及媒体和素材等四大要素。这四大要素之间是相互作用的关系,从而完整地构成了教学系统。而互联网+下的新的教学模式就是要促进教学要素得到一定的转变,从教学的角色来看,教师的地位和角色都会发生改变。从教师的地位来看,在新型的教育模式当中,教师不再占据主导地位。从角色上来看,教师也从知识的传授者转变为学生学习以及教学过程中的设计者,并且教师也同样是学生学习的指导者以及学生参与课堂活动的组织者。而从学生角度来看,学生也从知识被动接受者变为主动参与合作以及知识的建构者。同时,运用于教学的多媒体设备也变成了学生获取知识的重要工具。总的来说,在多媒体网络技术环境之下,要求大多数的教学模式必须得到一定的完善和发展。而互联网+新型教学模式的实践意义主要包括以下几个方面的内容:

首先,互联网+新型教学模式具有很丰富的特征,教师能够在网上进行教案工作,在网上布置预习任务以及工作等。在这种新型模式之下,还能不断扩展教育教学的内容,并且能够在计算机上面实现传输、存储、运行以及修改等以便于更好地运用多媒体课件资源。教师可以利用互联网上面的资源展开教学设计,制作教学课件,编写丰富的教学资源库。同时,这些教学资源通过互联网平台可以实现即时快速的传播,为任何用户所接收,如此一来,学生就可以实时观看或下载教学资源。

其次,互联网+下的新型教学模式还具有共享性的特点,能够更进一步扩大教学的空间。并且,这种新的教学模式因为网络技术的发展促使其传播信息的速度非常快,因此,这一教学模式的覆盖范围也非常广泛。在网上对这些资源和教学信息进行设置之后就可以实现资源的分享,同时,在资源的分享上是不受时间和空间限制的,资源的分享会非常快。互联网+新型教学可以实现双向互动，利用便捷的交互方式实现沟通交流，让学生能够利用多种学习形式进行自主学习、协作学习。学生通过在互联网与同学、教师以及其他学科上的专家进行交流和互动，能够对学习内容有更深刻的理解，并且能进一步开阔自己的思维，扩大自己的学习范围，并进一步提高自己的学习效率。

再次，互联网+的新型教学模式非常注重发挥学生的主体性，其是以强调学生主动性为特征的一种教学模式。在这种教学模式之下学生可以发展自己的个性，并且发挥自己的主观能动性进行学习，实现自己的个别化需求，进而创造一个良好的学习氛围。在遇到问题的时候，培养自主分析问题和解决问题的能力，并且能够创造性地采取一些措施来使得自己的问题得到解决。同时，值得注意的是，学生还能够按照自己的需求来选择学习的时间和内容，促使学生在教与学的过程中能掌握绝对的自主权。

最后，互联网+新型教学模式还具有多向性的特点，能够对传统教学中的一些缺陷进行完善，同时，因为是网络教学，因此其更加便于管理和组织。教师可以有更多的时间以及精力来进行教学设计，可以根据网上学生的学习情况，来了解更多学生的学习状态以及学习偏好，从而有针对性地制定一些预习任务以及教给学生一些自主学习的方法。网络教学在一定程度上也促使学生变成了自己学习的设计者。

第二节　互联网+课堂教学的冷静应对

一、互联网+对教育的冲击

互联网+给教育带来的影响是不可预估的，也是不可低估的。这种影响随着互联网技术在教育中的应用更加突出，然而如何应对这种冲击，实现教育生态系统的进一步发展则更为重要。因此，学校首先要正确认识互联网+形态对教育的重要影响，同时在面对其带来的机遇和挑战的时候，尽量发挥互联网+的作用，促进教育的快速发展。互联网+使教育由传统的封闭式教育转变为开放式教育形态。互联网+教育模式下，改变了传统教学下知识垄断的状况，教师不仅是知识的讲授者，更是知识的传递者和教学的引导者。所有互联网用户都能制作教学课件，获得教学知识；学生可以自主获取、分析和使用教学资源，实现了个性化教学和自主化学习。在现阶段互联网不断发展的大背景之下，社会也是开放的，随着全球资源库的形成，优质的教育资源能够得到极大的丰富和充实。人们通过同样的资源需求聚集在一起，互联网将他们联结成一个整体，让人们随时随地都能够获得自己想要的资源。这样一来，人们获得知识的成本降低，愿意投身学习中，从而有利于推动终身学习的建设。

在互联网+的冲击下，教师和学生的关系出现极大转变。在传统教学中，教师教学是学生获取知识的重要来源，教师的地位具有权威性及主导性特征，学生是知识的接受者，教师通过课堂教学在教学中占据控制权。然而，在互联网+教育环境下，学生除了教师课堂传授教学知识外，其知识获取来源更加丰富，也更加便捷快速。师生之间的教学互动也不再局限于教师讲授知识，互动式教学、探讨式学习、协作学习等多种教学方式让学生可以实现自主学习、独立思考等优势。如此一来，教师更重要的则是学生学习的引导者或是指导者，改善了传统的师生关系，师生互动的增加亦便于教师教学活动的开展。

在互联网+的冲击下，教育组织与非教育组织的界限逐渐淡化。教育的实践性与社会性需要更多教学资源以及教学思路的来源，而社会教育机构的灵活性、互联网+教学的便捷性都为学校教学提供了丰富的教学资料，有利于教学质量的提升。此外，互联网+教育更能适应经济社会发展的变化，不断更新教学内容，扩展教学的深度以及广度，且教学资源的制作者亦是使用者，实现教育共同体化，同时对于促进教育跟上时代的发展与社会经济的发展具有重要意义。

从本质上来看，互联网+对教育的影响主要表现在对教育资源的重新分配上，从这个角度来看，首先，互联网能够让人们注意到优质资源教育的重要性和作用，从教师的服务人数就可以看出来。以前，一个优秀的教师只能服务于少数的学生，现在随着互联网技术的发展，一个教师可以服务于上百个甚至更多学生的需求。其次，互联网也能够跨越时间和空间的限制实现各个地方的合作研究，从而进一步完善互联网+的新型教育模式。

互联网+同样也具备促进教育进行自我进化的能力。一个事物只有不断发展、不断进化、不断创新才能长久地存在和发展下去，传统的教育由于与社会经济的发展完全脱节，因此，存在自我进化能力较低的问题。互联网使得教育变得更加开放，人人都可以是教育者，人人也有可能成为被教育者。这种新的教育生态在适应社会经济发展的前提之下也会给教育生态圈带来更多便利。总的来说，在社会经济的发展之下，教育面临着很多的挑战，主要包括以下几个方面：

首先，教育在开放的教育生态环境中面临着被逐渐弱化的问题。因为，在传统教学模式的发展之下，教师是通过跟学生面对面地交流将知识传授给学生。而在这个过程之中，教育工作者也随之将一些良好的品德以及价值观传达给了学生，让学生受到更多的美德以及艺术层面的潜移默化的影响。与此相反的是，在互联网教育中，师生之间以信息的交流为主。学生很容易对以互联网为主体的辅助学习设备形成依赖，忽略教师育人的作用，久而久之，教育的育人功能将被弱化。

其次，互联网环境开放、信息丰富，学生（尤其是低龄学生）缺乏较强的辨别力与抵抗力，如果教育工作者没能及时加以引导，这一群体很可能会受到网络上鱼龙混杂的信息影响，从而极易妨碍学生培养美好的道德品质、树立正确的价值观念、形成积极的生活方式，甚至可能养成一目十行、囫囵吞枣等不良习惯，使之很难形成刻苦钻研的品格，也无法磨砺其意志，进而难以掌握新知识、学到真本领，不利于学生智力的提高、能力的增强和长远的发展。

最后，碎片化的学习方式很可能会降低学生学习的专注度和深度。在互联网的作用下，理论知识可以通过分享、转载、购买等方式实现大范围传播与阅读，这不仅给学生带来了极大便利，也大大降低了学习门槛，人们可以不再受时间、空间的限制，可以根据自己的需要或兴趣来学习知识与技能。同时，借助互联网的力量，学生涉猎知识的范围和层次逐渐扩大，不论是否熟悉该领域的内容，都能够获取到相关资料。但与此同时，人们学习的内容和时间都呈现出碎片化的趋势，很难给零散的知识点建立完整的框架体系，从而容易降低知识的关联性，无法保证学生学习的深度和关注度。

那么，在上述情况下，教师应当如何帮助学生正确对待互联网中海量的碎片化信息？应当如何引导学生将互联网中零碎的内容加工成有用的知识网络体系？这将是教育工作者亟待解决的重要问题，也是本节探讨的重点课题。

二、互联网+教育的冷静应对

面对互联网+时代给教育带来的这些机遇和挑战，学校需要冷静应对。

（一）要坚持"教育为体、互联网为用"

首先，这要求教师明确并谨记一点，无论互联网的出现给课堂教学工作带来了多少便利，它始终只是一种为教育服务的技术手段和工具。尽管教师能够借此简化教学流程、提高教学质量，但使用该技术的出发点是为了满足教育工作的需求，提升课堂教学的效果。因此，可以说，有一定的教学需求和效果是教师运用互联网开展课堂教学的前提条件和必要依据。也就是说，教师在决定是否使用互联网进行课堂教学之前，必须要想清楚互联网技术需要用在哪个教学环节，它能够起到何种作用，是否可以加强和学生之间的交流，促进学生的思考，激发学生的学习兴趣，带来更优于传统教学方式的效果，以便能够有的放矢地展开相关教学工作。试想一下，教师应用互联网技术或设备不是以加强课堂教学为第一要务，而只是为了实现减轻备课负担、减少板书麻烦等带有满足个人利益的目的，这样不仅不能够充分发挥互联网的积极作用，还很可能会因为滥用互联网技术而降低课堂教学效率，妨碍后续教学工作计划的有序进行，从而影响教学目标的实现。

其次，教师如果为了简化教授、解说知识点的步骤，直接让学生观看网络教学视频或课件，而没有适时引导或加以说明，这或许能够发挥互联网技术一部分教学功用，帮助学生接触、了解到教材范围以外的知识点，但是如此一来，做的是"换汤不换药"的无用功，因为这样不仅和运用传统教学方式呈现的教学结果并无本质上的差别，也违背了以满足教育工作需要为出发点的根本原则。因此，这种做法并不能完全体现互联网+课堂教学的优势，也不值得教师学习借鉴。由此不难看出，要想有效发挥互联网技术和设备的辅助作用，促进课堂教学工作顺利实施，教师必须要保持本心，始终秉承教书育人这一核心目标从事教学活动，围绕"教育为本"这一基本理念开展教学工作，遵循"互联网为用"这一指导原则进行课堂教学，从而避免出现本末倒置、事倍功半的情况，进而确保互联网能够完全发挥促进教育变革、提升教学质量的积极作用。

最后，这需要教师把握好引入互联网进入课堂教学的度，尽最大努力做到不乱用互联网设备，不滥用互联网技术。现阶段，随着互联网的大面积推广应用，大部分教师已经意识到互联网可以为教育所用，能够给教育发展带来不容忽视的影响，因此，这部分走在时代前端的教师应当摒弃陈旧观念，更新教学理念，尽可能将课堂教学与互联网融为一体，将教材理论与网络信息完美结合，进一步优化教学的手段和方法，设置更丰富的教学环节，创造更多师生互动、交流的机会，以便有效活跃课堂的气氛，提高学生学习的热情和积极性，进而提升课堂教学的效率和质量。

（二）要发挥宏观调控下的市场主体作用

在互联网+时代，为了减少国家政策方面的限制，优化课堂教学的生态环境，推进教育变革，很有必要充分借助"风口"的作用，顺势发挥宏观调控下市场主体的作用。互联网+时代下，教育改革的主力军是新兴互联网教育企业，一方面，要确保这些互联网教育企业的自主地位得到尊重、自主作用得到发挥，从而避免因政府制定过多限制性政策、约束性条例妨碍这一新兴企业发展、壮大，以便为教育创造一个自由民主的变革环境，搭建一个双向互动的交流平台，进一步推动教学朝着开放、有效的方向发展；另一方面，政府要在此基础上加强引导，并有效把握好宏观调控的度，充当好裁判员或情报员的角色，适时适度提供有关教育变革的重要信息，并对教育变革做出公正公平的评判，从而减少或避免出现学校和互联网企业等重复建设的现象，缩小或消除育人单位与用人单位之间的交流鸿沟，使之成为教育共同体，促进二者协同发展、进步，进而深化教育变革，有效提升课堂教学的质量和效率。

（三）学校教育要敢于从知识教育向思维教育转变

随着互联网+时代的到来，越来越多的学生开始通过网络获取教学资源，学习专业及非专业知识与技能，因此，为了更好地承担教育者的责任，充分做好"授人以渔"的工作，学校与教师有必要明确自身职责，厘清教学思路，划清教育和学校之外的教育的界限，从而实现在明确分工的基础上，简化课堂环节，优化教学方法与手段，进而实现以理论知识为教学重点向以开放思维为培养重心的方向转变，并在此过程中有效提高课堂教学的质量，顺利完成教师教书育人的目标。

总之，在面对互联网+的挑战之下，教育不能完全不采取任何措施，不能让互联网占据改革更大的部分，而需要掌握真正的教育变革的需求，抓住互联网技术发展带来的机遇，迎接挑战，让教育事业在互联网+的帮助之下有更大的发展。

第三节　互联网+新型教学模式的探究实践

一、互联网+新型教学模式的构建

互联网+与教育相结合的同时也需要构建一个新型的教学模式，而构建新型的教学模式的选择主要有两种，首先是构建一个具有丰富的网络教育特色的高校教学模式，其次是在继续使用现有的远程教育的高校教学模式的前提下，对细节方面进行一些创新。对现有的教学模式进行深入的分析和了解，再以网络教育的一些理论作为基础，并结合构建主义的相关原理和原则，来构建一种具有典型性的、以网络教育为特点的高校教学模式。

互联网+新型教学模式可以从"自学—助学—测评"三个方面来看，互联网+教学模式是这三个方面互相结合在一起的一个整体。在自主学习理论、认知结构理论以及人本主义理论的指导下，充分发挥学生的主体性，同时提高学生理论知识水平、转变学生的思想观念，以及提高学生的实践能力。促进学生提高自学能力，提高学生的综合素质水平，主要包括以下内容：

1.自学过程的三个必要环节

（1）制订学生自主学习计划

学生自己制订的学习计划主要包括个人的课程学习计划以及学生的选课学习计划。在学生自主地制订学习计划的时候，教师要给予学生充分的建议，给学生一定的参考。以此为基础，教师具有指导学生制订自己的学习计划的作用，在这个过程中教师是作为一个指导者的角色，同时教师的指导者的角色还可以延伸到以学生的兴趣爱好为基础来对学生的扩展学习进行指导，让学生清楚地认识自己，按照自己的实际情况来制订计划。

（2）利用互联网等平台学习

在互联网+教学模式下，学生进行自主学习的平台以网络平台为主，教材、多媒体等为辅。学生可以以此为基础，并不断地利用网络平台进行自主学习，可以通过网络平台来阅读学习资料、收看学习视频以及其他学习资源等，在网络上，大部分学生都可以实现自主学习。学生可以在网上互动平台下载教学资源、观看教学视频、进行习题练习等。

（3）小组合作学习

小组合作学习同样是需要在教师的指导下进行的，主要是指学生事先根据自己的兴趣爱好以及学习兴趣等，自行组成学习小组，或者是由教师指定组成学习小组，一起合作完成难度比较大的作业，小组在不同的学习阶段有不同的任务和目标，要实现不同的目的，在学习的重点和难点的讨论上，在对每一个章节进行总结、再与其他学生一起交流学习等方面都可以以小组的形式进行，而在这个学习过程中，教师需要做的就是根据不同的小组需求，来设置不同程度以及不同方面的习题。

首先，互联网+教学模式十分注重培养学生的自主学习力。以学生为例，他们都是成年人，有自己的思考方式以及知识的储备基础，并在相关的实践中积累了很多的经验，能够进行自主学习，并且通过自学，可以自行解决很多的问题。其次，互联网+教学模式下，网络教学资源十分丰富，可以满足学生多样化、个性化的学习需求。最后，互联网+教学模式以网络互动平台为传播媒介，学生可以通过网络互动平台与教师或同学进行沟通交流，及时有效地进行探讨，解决自学中遇到的问题。

互联网+教学模式对教师和学生都提出了更高的要求。对学生的要求：首先，学生必须转变学习的观念，在接受互联网学习的时候，自己要学会从被动走向主动学习，学生只有具备自己主动学习的积极性以及热情，才能在互联网学习中找准自己的定位。其次，学生必须继承之前在传统教学中做笔记的良好学习习惯，"好记性不如烂笔头"，只有把自己自学的知识点都记下来，才能更好地进行以后的学习。最后，教师在这个时候也要发挥一定的作用，其必须要加强对学生学习小组的了解，指导学生正确地开展小组讨论等。同时，教师要保持自己随时在线，并向学生提供自己的联系方式，以便在遇到问题的时候，学生可以随时向教师提问，与教师进行交流和讨论。

学生进行自主学习也是学生进一步提高自己的学习积极性和主动性的过程，只有让学生有自主学习的热情和自觉性，才能真正地提高学生的自学能力，对于网络教学之下的学生的学习来说，其是对传统课堂的创新，从以教师为中心变成了以学生为中心。

2.网络上的学习辅助对象

（1）资源支持

资源支持即学生学习的辅助资源，要求学校能够充分地运用互联网技术不断建设和完善网络学习平台以及各种网络资源系统，只有这样才能真正地为学生提供各种方面的支持，让学生有一个自主学习的好的环境，同时还可以开设一些网络信息技术培训，给广大师生普及网络技术，鼓励学生自主报名参加计算机一级或者二级的考试，从而为学生掌握一定的计算机水平打下基础。只有不断为学生提供适合学生的各种人性化的、丰富的、科学的以及多元化的网络辅助资源，才能为学生的自主学习提供资源保障。

（2）学生互助

学生互助主要是指学生与学生之间的合作与学习的过程，有时候，一些问题的难度比较大，在与教师讨论之后仍旧没有相对应的解答思路，这个时候，就可以通过学生之间的互动来完成那些无法解决的问题，而学生的互助学习主要包括视频教学活动、小组合作学习以及集中参加课程辅导等方面的内容。

首先是视频教学以及答疑的过程，在这个学习过程中，学生可以加强与对方的互相了解，同时在互助的过程中解决一些问题，有利于开阔学生视野，拓宽学生的知识面，启发学生思维，是生生互助学习的重要表现。学校搭建的网络互动平台都可以实现群聊互动，网上论坛、贴吧以及微博等都是能够让学生进行自主学习的地方。

其次是要充分发挥小组学习的优势，小组学习也是学生进行自主学习的重要组成部分，在与其他学生进行讨论的过程中，可以让学生开拓自己的思维，同时不断地提高自己的学习效率。学生首先在进行自主独立学习的时候，就已经对知识有了一个很深的了解，而进行小组活动学习的原因主要在于让学生与其他学生一起进行合作解决那些难度系数比较大的问题，同时小组合作学习也能让学生感觉到团队的力量，培养团队合作意识，教师在这个过程中可以引导学生开展小组活动进行学习，并且鼓励学生进行独立思考，解决问题。

最后是对学生进行集中辅导，其中集中辅导主要指在互联网互动平台之上对学生的实时辅导，很多时候学生总会因各种原因，不能完成自己指定的学习计划，以及有很多积压的不会解答的难题，在这种情况下，学生也可以自主选择网络上一对多的集中辅导，可以通过教师对知识点的再次讲解来深化自己的学习。

（3）教师帮助

教师帮助主要是指学生通过自学的方式，在初步进行了教材的熟悉和学习之后，能够独立地解决一些问题，但是对于教材中一些重点和难点的把握程度还比较差，这时候就需要教师对学生进行指导和帮助了。因为学生的自主学习并不是万能的，相反，还具有一定的问题，教师对学生进行适当的帮助是非常必要的，这样可以加深学生对学习的理解，同时完成学生学习的整个过程，而教师的帮助又主要包含了教师引导和教师辅导。

一个方面是教师引导，从引导一词就可以看出其是指教师通过各种手段来促使学生产生学习的兴趣，进一步转换自己的学习观念，调节自己的学习方式，并且教师引导学生掌握自学的方法和技巧。教师之所以要完成对学生的引导，主要的原因还在于学生的年纪还比较小，对网络上的各种资源的辨别能力比较弱，其网络技术能力以及自主学习和自我控制的能力都有待提高。

教师引导学生进行自主学习主要包括以下几个方面的内容：首先是进行课程导学，这个主要是在学生已经掌握了每个单元的基本内容的前提之下帮助学生将课程教学大纲以及课程教学的具体细则进行梳理，将每一个章节的各种信息交流渠道都告知学生，让学生掌握更多的自主学习的方向。指导学生对学习课程的性质、教学模式以及教材的一些特点进行更深入的了解。同时还需要指导学生制订自己的学习计划，因为每个学生的资质是不同的，学习效率也是不同的，教师在指导学生进行自主学习计划制订的时候，必须要学生按照自己的实际情况来进行，而不能盲目地制订计划；其次，教师要激发和保持学生的学习兴趣和学习的积极性。具体来说，教师可以将一些优秀学生自主学习的事迹进行专题收集并展示，给学生们一定的激励和导向作用。

另一个方面是教师辅导，这种形式主要是在互联网+教学模式之下的教师辅导，主要是指网络互动平台的及时互动辅导，一般情况下来说，只能将其安排为计划学时的一部分。这种辅导方式和以往传统的面授式辅导方式不同，传统的辅导方式能够在固定时间进行面授，而在这个过程中，教师发挥了检测、组织协调和指导的作用。一是检查学生的自学情况，在进行网络互动辅助中，教师可以根据学生所提出的问题，来了解学生的学习情况，同时也可以检查学生的自学笔记以及查看学生的作业进度，进而去了解学生的学习态度。在这个过程中，教师要及时关注学生的学习动态，发现和了解学生在学习过程中存在的问题，进而开展针对性的辅导。二是重点讲解和答疑。教师依据课程的实际要求，结合学生在自学过程中存在的问题，借助于以互联网为载体的互动平台，对课程中的重点和难点进行详细讲解。三是多种媒体优化组合。在这个过程中，教师可以充分利用电子教案将文字、视频、录像等各种多媒体资源进行整合优化，并在这个过程中对学生如何利用多媒体进行指导。四是创设互动情境。教师利用组织对话、角色扮演、小组讨论、分组表演、集体讨论等灵活多样的形式，激发学生的学习兴趣以及思考能力，尤其是协作探讨的能力，全面提高学生的专业能力和综合技能，弥补远程学习过程中学生因缺少实践而对实践课题的探索较为匮乏的缺憾。五是方法指导。这种主要是指教师还应该传授给学生科学的、正确的学习方法，要注重培养学生的自主学习、探索学习和合作学习的各方面能力。最后，教师还需要布置作业，以及收集学生对于教学的反馈意见，并且及时地对学生的作业进行批阅和修改，在给学生进行辅导的同时，对学生的作业完成情况进行讲解，让学生对自己的学习情况有一个更加全面的了解。同时教师要检查和评价学生的自学、小组学习作业完成情况，对学生的自主学习起引导和帮助作用。

3.测评过程

（1）自评与他评

学生进行自评主要是指学生通过一些网络上的测试以及教师布置的作业等，来了解自己的学习情况。而学生他评主要是在小组活动中进行的，在小组合作的活动结束之后，学生对这个小组的学习结构进行评价，从而使得小组内的每一个组员都能提出自己的意见，发现自己的不足，在以后的小组活动中不断改善和调整自己的不足。自评就是评价主体针对自身的评价，而他评则是其他人对主体开展的评价。只有将这两种评价结合起来，才能够获得更多的关于学生的信息，这样才能帮助学生真正地认识到自身存在的不足，进而提高他们自身的反思能力。

（2）形成性评价

形成性评价是一种动态的评价，主要是发生在教学设计或者教学过程中的，为了不断完善教学过程以及教学设计，促使其给学生带来更好的学习体验的一种对学生学习结果进行的评价。进行这一评价的主要目的在于对学生的学习过程进行正确的指导以及科学的管理，能够及时地了解学生的学习情况并改善教学设计，指导学生进行正确的学习，进一步提高学生的综合素质，促进学生的全面发展。具体的操作方式包括作业分析、经常性的测试以及对学生的日常进行观察等。

（3）终结性评价

又称事后评价，这种评价主要是在教学活动进行了一段时间之后，对这一段时间的教学成果进行总结和评价。比如，学期末的各种考试等，主要的目的就是测试学生是否真的掌握了这一知识点。总结性评价同样也是对一段时间内的教师教学状况的最终评价，涉及的内容比较广泛，主要包括学生的结业、毕业、获奖以及教师的职称评定等。

二、互联网+教学模式的教学类型

（一）讲授型教学模式

讲授型教学模式主要是以教师为中心的，通过教师讲授知识以及学生听讲知识的过程，让学生对一个章节的知识有一定了解。这种教学模式是一种比较经典的教学模式，是传统的教学模式的一种，这种模式因为有其独特的优势，因此，在教学中不能够完全被取代。讲授型教学模式中也可以加入互联网的因素，教师运用多媒体技术对学生进行知识的讲授，而讲授型教学模式在网络教学中按教学的时间特性，又可分为同步式讲授与异步式讲授两种形式。

1.同步式讲授

这种讲授方式主要是指通过网络技术将教师现场授课的情况同步传送到远端教师或者学生的电脑上，教师进行网络授课直播，学生在同一时间内进行收听。同时，教师与学生也可以通过各种途径进行交流与互动，这种网络教学要借助局域网或者其他的系统来实施。在同步的讲授教学中，教师要具备多媒体设备，同时也只能在有相同设备的学习教室内进行学习。

2.异步式讲授

异步式教学模式是与同步式教学模式相对应的，这种教学模式并不要求学生一定要在同一时间内听课，相反地，学生可以按照自己想要的时间来进行学习。在这种教学模式当中，教学的整个过程都是在网络上进行的，教师要将教学要求、教学的主要内容、教学的资源和导航链接等做成网络文件，并发布在特定的互联网平台上，学生可以根据自己的不同需求来下载并进行自主学习。同时，教师还可以请专业的摄影师将自己的实际讲课过程录制下来，经过剪辑做成视频文件，发布到网络上供大家一起学习。学生在其他的地方听课的时候也能将自己遇到的问题通过发布电子邮件，或者在网络平台上跟教师聊天的形式，向教师提问，教师应及时给予回答。并且，教师还可以在自己的教学内容的相关版面上设置一些问题讨论区，供大家一起交流讨论，对于那些提的问题比较多的知识，教师可以重新录制一个视频对其中的重点难点进行讲解。当前，随着多媒体技术的广泛应用，特别是课件在线点播系统的运用，学生可以借助于这些技术重复学习网络课程，还可以在网络上自由检索学习资料，参加测试。在这种模式之下，教师可以随时开展教学，学生可以根据自己的实际情况，合理安排自己的学习时间和进度，并且能够随时下载自己所需的学习内容，随时向教师请教问题。

总而言之，基于互联网开展的讲授型教学，组织形式比较简单，同时有统一的学习进程，能够和学校的课程实现同步。因此可以说，这个教学模式是在传统教学模式的基础上，实现教学的多媒体化和网络化。这种模式对教师个人的要求不是很高，针对教师而言，他们只需要准备相应的教学内容，而技术人员则负责多媒体方面的进程，当前大部分的网络教学都是实施的这种模式。这种模式最大的优点就是它可以不受人数、时间和地点的限制，能够让学生自由地选择教师。开展网上教学，人数没有上限，在任何可以上网的地方都可以开展教学，同时学生可以在全世界范围内选择适合自己的教师。但是这种教学模式，同样存在一定的缺点。比如这种教学模式不能够像传统教学模式一样实现学生与教师面对面互动，同时教学活动的情境性也不够强。这种教学模式比较适用于那种自学能力相对比较强的学生，比如成人教育等。同时这种教学模式和传统教学模式相比，也存在一定的共性，其共性大于个性，除了在教学手段方面变化比较大之外，其思想实质和传统教学并无太大差别，仅仅在空间方面表现得更加广阔，时间方面更加灵活。

（二）个别辅导型教学模式

这种教学模式主要是对讲授型教学模式的重要补充，在教学的过程中也占据着非常重要的地位，无论是传统的教学模式还是现阶段的互联网+新型教学模式，都具有一个共同的特点，就是比较注重因材施教，也就是说应该根据学生的具体学习情况以及学生的学习需求来采取不同的教学手段，对学生进行个别化的辅导。但是，这样的因材施教的形式因为现实生活中教师资源比较缺乏而很难得到实施。而这种问题随着互联网技术的发展能进一步得到解决，网络上主要包括两种个别辅导的方式，即教师与学生利用网上通信工具进行个别辅导，还有就是利用 CAI 教学课件来进行辅导。

通过网上通信工具的个别辅导方式主要是通过电子邮件以及聊天软件来实现的。通过邮件进行教学的个别辅导的优势主要在于，学生向教师提出问题不会受到时间和空间限制，可以随时向教师请教；但是这种方式的问题主要在于，学生请教不可能很快就得到教师的答复以及及时的讲解。这种个别辅导的方式也像是教师和学生面对面地进行交流和讨论一样，当学生遇到问题的时候，马上向教师进行提问，也是学生不断发挥主观能动性的重要表现。教师可以根据不同学生的问题进行有针对性的个别指导。在这种个别指导的方式之下，教师能够了解每一个学生的学习特点，在实际的课堂教学中根据这些情况进行因材施教。

而通过 CAI 的教育辅导软件对学生进行个别教育，主要的原因在于 CAI 软件具有一些优势，其具有记录学生的学习情况以及与学生进行交流互动的作用，能表现出一个学生自身的学习特点。CAI 软件可以代替教师的作用对学生进行指导，帮助学生完成作业，解答题目。这样的话既可以减轻教师的负担，同时也可以使学生获益。网络环境下运用 CAI 软件可以为学生提供一个个别化的学习环境，学生通过运用学习软件进行主动学习，并对一些重点和难点进行模拟练习以及查看软件关于知识点的演示和讲解，对自己不懂的知识有一个更深层次的了解。同时学生也可以根据自己的学习情况和学习能力，来设置学习的进度以及问题的难度，从而进一步实现自主性的个别化辅导学习。

像这种类似的个别辅导模式比较适合学生在课外辅导中进行，如果学校能够指派一些专业的教师进行在线答疑，以及编写更具专业性的软件，这种个别化的辅导模式将更具实用性，能够让学生获得更大的发展空间。目前，教师自主创新教学资源等方面还存在着很多不足，教师如果能够编写一些比较优秀的课程软件，对于促进学生的个别辅导模式的发展将具有重要意义。总的来说，个别辅导模式能够很好地满足学生的各种需求，真正地做到因材施教，在未来的发展过程中，还需要不断提高教师的能力，以促使这种辅导模式获得更长远的发展。

（三）协作型教学模式

协作型教学模式中协作学习是非常重要的，协作学习对于发展学生的批判思维、创新思维、探索发现精神以及团队合作精神具有重要的作用，能够促进学生提高自己更高层次的认知能力，并且形成良好的人际关系，促进学生的身心健康发展。

网络技术发展条件下的协作学习主要包括两个方面的内容：第一种是完全借助于网络平台的一种学生之间的协作学习，学生可以通过网络来搜集信息，搜集到有着共同问题的学生，并在网络上与学生结成协作团队，共同讨论交流，进而解决一些问题；同时，也可以组成团队一起向相关的专家咨询学习，向教师请教。另一种类型是将网络通信工具作为协作学习的重要工具，学生并不完全地在网络上进行学习，也可以在现实生活中与其他的同学一起交流和讨论网上的各种问题和资源。

（四）探究型教学模式

探究型教学模式主要是从学生解决实际问题的方面出发的，要让学生知道对学习的深度理解最终还是需要让学生去解决实际过程中的问题，从而锻炼思维，让学生的学习结果更具实践性。探究型学习模式主要是指教师在提出了某个研究课题之后，要求学生根据自己对主题的理解来搜集相关的资源，并提出自己的思路以及进一步得出自己的结论。在这个研究的过程中，学生应该根据教师的指导进行实地调查，并且在网上搜集资料，进行网络问卷调研等，与其他学生或者相关学者一起讨论学习，从而综合起来，形成自己的见解和观点。让每个学生都完成这个工作之后，教师再一起组织学生进行集中讨论，并最终根据全体师生的意见形成总的课题的倾向性意见。总的来说，探究型教学模式主要分为确定问题（课题）、组织分工、收集信息、整理/分析信息、构建答案/解答、评价与展示等几个环节。因为这种教学模式充分地运用了各种互联网上的教学资源，因此对于发挥和提高学生的主观能动性具有重要的作用。

探究型教学模式非常重视对情境的创设，因为探究型教学就是要将课程学习的具体内容和目标直接转换成为可以实践操作并完成的具体目标，而要创设一个好的情境主要包括三个方面的内容：首先，是要让学生知道自己将要学习的主要内容；其次，是教师要运用各种手段，通过各种方式让学生对课程的内容产生兴趣；最后，需要为学生建造一种学习的"支架"并适当引出学习的任务和提出各种学习要求。

探究型教学模式在互联网上的发展比较广泛，从一些电子邮件到复杂的学习系统中都可以看到探究型教学模式的影子。在实际的教学中，主要都是通过一些教育机构，包括学校以及研究机构等，来根据学生的特殊情况制定问题，可以通过网络平台发布出来，让学生进行自主研究和回答。在发布问题的同时，也提供相关的可以查阅的资料，同时还会请到一些专业的专家对于学生在解答问题中遇到的各种问题提供帮助。当然，可以确定的是，这种帮助并不是给学生一个确定的答案，而是后发性的线索，引导学生进行思考。

（五）案例研习型教学模式

在案例教学模式当中，教师也需要给予学生一些特定的任务和目标，然后，通过运用计算机来提供情境，解决相类似的一些案例。通过让学生看到具体的案例中解决问题的步骤和方法，来自主设计方案，并迁移知识技能，帮助学生最大程度发挥自己的推理技能。同时，案例教学也是一个将实践与理论知识相结合的过程，学生能够在分析案例的过程中，再次巩固自己的理论知识，并且能够在相关的案例当中获得一些技能。案例教学最重要的一个部分就是让学生制定学习目标，同时教师进行案例的选择以及组织学生学习和分析案例，并从中获得知识。

在这一种案例教学当中，可以研究的案例主要包括历史案例、故事描述以及活动模拟等等，通过模拟一些真实的案例让学生根据自己的学习目标和任务来选定适合自己的案例，尽可能地从多个方面和角度来探讨这个案例所要说明的道理。教师在这个过程中要不断地对学生的行为进行提醒和指导，以启发学生进行多方面的思考。同时，教师还需要对学生的学习结果进行评价，让学生着重将注意点放到解决问题上去，而不是简单地看案例的细节。在网络教育中，案例研习模式可以设计为：让学生通过阅览教师事先编辑、存放在服务器的大量案例，或直接浏览互联网上的相应网站，来获得对各种案例的感性认识；然后，学生在教师的指导下，对各种案例进行信息加工，特别是对案例进行分类，寻找各类案例的共性，从而形成新的概念。

（六）讨论型教学模式

这种教学模式能够极大地激发学生的学习思维，对于调动学生的学习积极性具有重要的作用，在传统的教育课堂中的讨论活动，由于在特定教学环境下一些学生比较胆怯和紧张，因此实施起来比较有难度，但是在网络环境之下，学生可以做到自由地发表自己的见解，能够增加学生的课堂参与度，增加学生对学习的兴趣。而网络讨论型的教学模式主要包括有两种，一种是在线讨论，另外一种是异步讨论。前者的优势是讨论能够实时地显示出来，其不足之处在于，发言的时间比较短，且相对来说没有固定的范式，主要依靠教师对场面进行掌控。后者主要以文章的形式进行，谈论会比较全面一些，但是不具有及时性。

网络环境下的讨论式教学，借助网络教学通信工具的支持，可以扩大讨论群体的范围，拓展讨论问题的角度，集思广益，在讨论中开拓学生的思维，提高学生学习的积极性，激发学生的学习热情。

三、互联网+教学模式的实践策略

随着互联网+的不断发展，各行各业受互联网的影响渐趋加深，而互联网技术与教育深度融合的趋势已不可阻挡。尽管互联网+教育不可能完全取代学校课堂教学,但不得不重视的是,互联网+新型教学模式对教育的发展有着重要意义。学校应正确认识互联网+教育,更新教学观念,对教育进行系统规划,积极探索互联网+背景下教育的发展路径,大力推动教育的网络化、信息化深化发展。

(一)更新课程教学理念,改进教学方法

教学理念作为教学的指导思想,会直接影响教学方式及教学模式,从而影响教学活动的开展和教学效果。实现互联网+新型教学模式在学校的实践与应用,首先要求学校更新课程教学理念。尽管互联网+教育的理念不断深入校园,但大部分学校的传统教学理念仍根深蒂固。现今,一些学校的教学模式和教学方法较为单一,教师授课仍采用满堂灌的方式,课堂教学时间分配不合理,教师讲课时间占课堂时间的70%以上,探究式、互动式教学较少。在这种教学模式下,学生处于教学被动状态,其学习主体地位没有得到充分体现,学生也因缺乏自主学习和思考的空间,独立思考能力相对薄弱,实践能力不能得到有效培养。究其根源,在于这类学校教学理念陈旧,没有很好地适应时代发展以及经济社会发展的需求,致使学生的能力不能得到有效提升,教师教学也收效甚微。

第一,要转变教学理念,增强学生的主体地位。

首先,要坚持以学生为中心。互联网+教学模式强调"以学生为中心",教师则是学习的组织者、引导者和促进者。教师要转变教学理念,将学生的学习主体地位融入教学设计、课堂教学、学习互动等各个环节,使学生真正成为"学习的主人",让学生有更多的机会独立思考,提高自身的职业应用能力,促进自主学习能力和专业技能的培养。其次,要增强师生互动。互联网+教学模式重视师生交流,强调互动教学。教师要增强与学生的互动交流,变讲授式教学为引导式教学,提升学生的学习积极性和自主学习、思考的能力。

第二,要改进教学方法,提高课堂教学的效率。

教师要重视互联网+教学模式的优势作用,更新教学理念,丰富教学方法和教学形式,将互联网+教学模式与传统教学模式相结合,提高课堂教学效率,提升学生的学习兴趣。互联网+教学模式要求教师以学生为中心,从如何学的角度出发,围绕教学目标以教学主题为单位,依据学生的学习水平进行课堂设计。这种教学模式强调学生在实践中学习,通过自身的体验收获知识以及实现知识的内化。例如,教师可以通过引入微课教学,让学生在课前进行自主学习。课堂教学则以探究式教学、互动教学为主。这样优

化利用了课堂教学时间，也有利于学生有独立的时间和空间进行独立思考。

（二）积极推动信息技术在教育教学过程中的全面应用

互联网+教育以现代信息技术为基础，以在线互动平台为学生学习以及师生交流的工具。学校要积极推动互联网+教学模式在课程教学中的应用，就需要积极推动信息技术在教育教学中的全面应用。随着经济社会的不断变化发展，教学也应顺应时代发展的潮流以及经济发展的需要，不断更新教学技术和教学内容，使学生所学知识及技能可以满足就业需求。互联网具有传播便捷、信息量大、即时互动等特点，而互联网融入教育教学则具有教学资源丰富、教学互动快捷、教学内容传播便利等优势，既可以提高教学效率，还能帮助学生扩大知识面，提升专业技能。学校要重视信息技术对教学实现互联网+教学模式的重要作用，并不断促进信息技术在教学中的全面应用。

首先，要完善互联网+教学环境。互联网+教学环境是开展教学活动的重要基础，也是推动互联网+教学模式在校园应用的重要条件。完备的教学环境便于学生进行学习，也有利于教师教学效率的提升，更有利于教育顺应时代需求。因此，学校需要全面建设互联网+教学的教学环境，改善教学模式，更新教学方法，建立与时俱进的教学资源库及教学评估体系等。

其次，要搭建教学互动平台。互联网+教学模式强调师生互动，学校要积极搭建并完善教学互动平台，为教学活动的开展提供必备的平台基础。有了便捷的互动平台，教师才能将教学资源分享给学生，了解学生的学习动态，掌握学生的学习情况；学生才能通过互动平台进行自主学习，与教师或同学进行及时的互动交流，进行疑难解答，获取知识和技能。

最后，要更新教学评估体系。在传统教学模式下，教师一般通过随堂测试进行教学检验，根据学生的测试成绩了解教学情况。而互联网+教学模式下，教师则可以通过建立完善的教学评估体系了解教学效果。例如，教师可以从教学环境的构建、教学实践的效果、教学互动情况的开展、教学总结与研讨的评价等方面进行综合评估。评价体系的搭建可以让教师了解教学活动开展的优缺点，从而扬长避短。

（三）审慎选择，认真组织网络课程

互联网+教学模式的重要特点就是引入了网络课程教学，学生可以通过互联网平台进行自主学习。网络教学视频的内容要以特定的教学主题为基础，教师围绕这个教学主

题建立相关的教学资源库以及教学辅助资料包；通过对教学内容进行分析展开教学设计并在此基础上开展教学活动，其中教学设计包括教学内容的设计、教学活动的设计、教学资源库的配置等。而教师通过分享网络视频拓宽了知识传播的渠道，还可以了解学生的学习动态和对知识的掌握情况。同时，网络课程的开放性与自由性，可以让其他学者也浏览网络课程，教师不仅可以通过学生的反馈进行教学设计的改进，还可以与其他教师或学者沟通交流，进行经验总结。此外，建立网络教学资源可以为学生学习提供丰富的学习资源，优秀的网络教学课程也可以展示学校的教学优势，形成教学品牌。

网络课程之所以取得成功，其最重要的原因就是尽最大努力为学生提供高质量的课程，有个性化、适合学生需求的服务。因此针对学校而言，就要严格要求教师进行谨慎选择，教师制作的内容要精心，设计要科学，而不是仅仅将教学内容复制到网上。通过对当前部分在线课程的分析发现，一些网络课程就是简单的课程录像，并附于简单的PPT，同时课堂的内容依然非常枯燥。在这样的形势下，就要求教师改革传统的课程教学内容，调整教学内容的结构，从而适应网络教学的需要。

（四）加强教师队伍建设，提高教学效率

教师作为整个教学活动中最重要的主体之一，是教学活动的引导者，直接关系到教学质量的高低，因此可以说，教师的教学素质直接关系到教育的教学水平和发展程度。学校要重视教师队伍的建设，以及教师专业能力的提升，并采取多种措施逐步提高教师的教学水平，并不断完善教师队伍。

第一，要精简教师队伍。

当前，我国部分学校的教师来源于文化基础课教师或者其他途径改制，相对于专业教师而言，他们属于准专业教师。由于专业教师在学校中的比例还比较低，所以已经严重影响到学校的快速发展。针对这个方面的问题，学校要不断地增加专业教师的数量，进而对文化课教师进行分流。而教育主管部门同时也要充分结合学校的发展状况，对专业教师进行专业对口交流，从而降低学校的负担，为招聘专业教师留足空间。

第二，要引进专业教师。

针对专业教师比较缺乏的状况，学校需要通过多种途径来解决这一问题，比如从企业一线或者相关的科研部门引进教师，从而充实专业教师的队伍，同时这也是学校建设高质量师资队伍的重要环节。教师是相对比较稳定的职业，由于受到多种因素的影响，他们对市场行情以及企业的发展和运行规律不够了解，同时也难以获得最新信息。因此，

引荐一线企业工作人员从事教学，传授最新的技术知识，才能使得学生学到的技能与实践之间无差别，实现与企业的真实对接。学生通过获取最新的信息，掌握最实用的一线技能，才能切实做到真学真用。

第三，教师要开展团队合作。

在互联网+的形势下，互联网+教育并不是部分教师的独角戏，其作为一种全新的思维方法和模式，是各个教育主体之间相互配合的结果，需要教师、各方面专业人士的共同合作。在课程建设方面，教师要投入大量的精力和时间，对课程的内容进行精心的设计和准备。同时学校要通过政策支持，推进课程的团队建设，构建教师积极参与的激励机制，促进教师团队合作的形成和发展。通过搭建智能化、科学化的课程服务体系，促进教师分工的细化，推进集成化形式的管理，从而促使教师由个人努力向团队合作转型。

（五）科学进行课堂设计，提高学生参与程度

互联网+教学模式不仅仅是教学模式的改革，更是通过把各种网络资源和专业领域的名师整合在一起，为学生创造一个能够积极参与、主动开展学习的良好氛围。在这种模式下，学生可以结合自身的学习目标、自身的知识储备和自己的兴趣点，自我组织和开展学习。在学生学习的过程中，教师的参与度和支持度对学生的参与积极性有很大的影响。因此要充分发挥网络技术的优势，加强师生互动、学生互动环节的设计，可通过视频聊天室、在线游戏、网络沙盘及线上论坛等多种形式，加强师生之间的互动交流，而这种形式的互动交流才是整个学习过程的重中之重。这种教学模式，对教师的时间和精力提出了更高的要求，这就需要学校在政策和制度方面给予足够的支持，在保障机制和激励机制方面创新教师的师资队伍。开展网络教学，不仅仅是模式的改革，同时还打破了传统教学与科研之间已有的关系，因此学校需要进一步对教学模式和科研政策进行调整，以适应这种教学模式。

（六）创新教育管理体制

互联网+模式在给教育带来机遇的同时，也给现行的教育制度带来了巨大的冲击，导致现有的学术权力、行政权力关系被打破，从而促进关系的解体以及重构。在现有的学校管理体制下，学校彼此之间的边界非常清晰，是一种隔绝封闭的状态，互相之间很少开展教学合作，因此导致课程资源浪费的现象比较严重，传统的教育管理模式已有的管理制度对互联网教育造成了制约。但是，互联网教育是社会发展的趋势，是一个促进

传统教育改革和提升的历史性机遇，因此政府相关部门和学校都要充分认识到这一特点，进而对现有的教学模式和管理体制进行改革。在这场教育的互联网战争中，还要对学校的管理体系进行改革和创新，构建多元化的办学模式，拓宽教育的融资渠道。

第五章　现代教学技术的实践应用

第一节　数据库管理在现代教学中的应用

简单来说，管理是指运用一定原理与方法，在特定条件下科学分配已有资源，促使被管理人员实现组织目标的一种活动。因此，现代教学管理的核心内容是在科学分配教育资源的基础上，指导教育人员有序完成教学任务，最终实现预期设定的教育目标。在新时代下，受大数据技术理念的影响，传统教育理念逐渐向现代教学转变，不管是实践管理模式还是工作目标都发生了新的变化，此时为了更好地展现教育优势，为社会发展培育大量优质人才，要加大对数据库管理的探索，明确其在现代教学中的应用对策。

一、数据库管理

数据库是指根据数据结构进行组织、储存及管理的仓库，在经济管理日常工作中，经常需要将有关数据储备到这类仓库中，并结合实践工作需求进行有序管理。数据库管理作为数据库系统运行的基础保障，其中包含构建、储存及修改等信息技术，主要用来保障数据库系统的正常运行和服务质量。

二、现代教学与数据库管理的关系

在社会经济发展中，为了满足日益革新的市场环境，促进学生的全面发展，我国在推广现代教学理念的同时，加大了对数据库管理工作的探索，并由此革新教育内部储备资源，这样不仅能为实践教学工作提供有效依据，而且可以丰富教学内容，改变教学模式。现如今，随着我国科学技术的日益优化，网络数据库已经成为课上课下所需的重要工具，不管是教师还是学生都可以从中收获大量知识。一方面教师可以根据储存数据构建全新的教学课堂，并丰富实践教学知识；另一方面学生可以在收集的资料中更好地预习与巩固所学内容，并对学习产生积极兴趣，在素质教育理念的影响下，所有教育工作都将从学生全面发展入手，为他们提供优质服务。数据库也是如此。合理运用仓库储存数据信息，并在加工、推导等操作中有效控制数据变化，不仅能为学生构建全新的学习环境，而且可以解决以往教学问题，以此为实践教育革新提供有效依据。

三、数据库管理在现代教学中的应用

数据作为教育革新的无形资产，尤其是在时代变迁中，若没有得到有效应用与管理，将会阻碍整体教育发展，严重的还会威胁社会经济与基础建设。因此，在面对大量数据时，做好数据库管理工作，不仅能为构建全新教学模式提供有效依据，而且可以拓宽学生的视野，促使他们从小形成自主学习、积极探索及不断努力奋斗的学习意识。为了引导现代教学中的数据库管理工作向着规范化、标准化及科学化的方向稳步前进，在构建系统时要进行初始化，合理设定有关协议，并要求人为浏览代码的规范性，判断其是否符合现代教学领域需求。本节以学校基础数据库建设为例，对数据库管理在现代教学中的应用进行深入分析，具体包含以下三方面内容：

（一）基础数据

这部分内容包含五方面：其一，学生数据库是指以学生个体为单位的数据库；其二，教师数据库是指以教职工个体为单位的教师数据库；其三，固定资产数据库是指以个体为单位的校舍基础数据、语音室设备、图书册数及实验设备等内容的数据库；其四，教育经费数据库是指充分展现下拨经费及实际利用情况的数据库；其五，教学质量数据库是指以学生为采集目标，收集他们在各方面的成绩数据，构建一个可以充分展现学生能力与成绩变化的数据库。

（二）学校管理系统

这一内容属于学校级单机版系统，主要用来进行学校的日常管理工作，其中包含学校管理、教师管理及教育经费管理、教学质量管理及固定资产等内容的信息录入、修改及查阅等。同时，系统中储备的数据信息也可以进行导入和导出。学校领导与教师可以根据系统内部设计的功能全面掌控储备信息。

（三）业务支撑系统

这项系统是以 B/S 结构为依据，向县、市、省等有关部门管理提供优质服务。以市级为例，在系统中可以审核当地所有学校的数据，并实现本市直属学校的有关信息在网络上的传递与接收。同时，各级管理部门可以在系统中对各级基础数据进行汇总与查询。这种管理模式不仅突破了传统教育理念的限制，而且为学校教育与学生成长提供了优质服务。

综上所述，对现代教学管理工作而言，数据库管理工作既是核心，又是重难点。因此，在新时代下，面对越来越多的数据信息，管理部门要以学生全面发展为目标，认真收集与现代教学相关的数据信息，并将其储备到数据库中，这样不仅能为教育管理、评估及决策提供有效依据，而且可以提高实践教育水平，以此实现预期设定的教育目标。

第二节　移动学习在现代远程教育中的应用

移动学习，按照相关研究的理论，在定义上有一定的区别，但共同点都在于实现了资源的远程共享，能够在相应的设备下完成内容的学习，并促进教师和学生之间的交流，这也是当前比较普遍的系统化学习模式，突破了时间与空间的限制，可以随时展开双向学习。

一、移动学习的优势

（一）内容针对性强

移动学习在内容上具有显著的针对性，多数情况下为了令学生能够更加高效地吸收知识，远程教育制作者都会将学习内容进行分解和精化。例如，以往的教学视频时长多在 20~30 分钟，而移动学习概念内的教育教学视频多为微课形式，时长仅有 5~8 分钟。且绝大多数的视频学习资源都以知识点为分类条件，学生通过互联网系统可以直接选择课程，系统基于学生的需求可以反馈学习内容，让其更适合学生的能力。不仅如此，如若学生对于某一范围内的知识点掌握不牢固，他们也可以随时再度观看教学视频，甚至可以通过搜索关键字进行精准定位，减少大量的资源查找时间，直线增加学生观看视频的时长，高度保障学生的学习质量。另外，移动学习平台的出现也让学生能更好地定位自身的知识掌握程度与学习质量，更好地规划学习进度和学习计划，减小了传统教育模式中学生只能跟随教师学习的被动影响，提升了学生在学习方面的主动性。

（二）智能化学习

移动学习由电子学习发展而来，除了具备电子学习的特征之外，还具有显著的移动性、智能化优势。学生只需要一台终端就可以获取教育资源，不会受到传统远程教育的场所限制与空间限制，可以在任意场合访问并获取教育资源，这也是移动学习最主要的优势。如若学生周围网络条件和环境条件相对稳定，那么他们可以使用平板电脑、笔记本电脑来观看学习视频、完成线上测验。而当学生周围环境活动性较强，如在火车、地铁、公交车等空间时，学生也可以通过移动网络来观看学习视频。针对一些时效性要求较高的内容，也可以随时随地配合完成。例如，当远程教育平台聘请专业教师进行直播讲座时，移动学习所具有的智能化优势便能够保障每位学生都可以观看讲座，且即使学生因特殊原因未能观看直播，其也可以在平台中查看直播回放，直接减少时间与空间上的限制，为当代学子提供了更加智能化的学习空间。

（三）便捷程度高

移动学习可以通过掌上电脑等终端来进行，其便携性的特征非常显著，可以通过无线局域网连接来实现数字化学习的目标。只要使用者手中拥有智能设备，并连接上相对稳定的网络，那么他们便可以进行移动学习，不会受到周边环境的限制。不仅如此，如若学生提前得知自己某一阶段无法接触到稳定网络，那么他们也可以利用移动平台来下载学习视频，这样他们便能够在离线状态下继续学习，学习行为不会受到外部条件的过多限制。此时，学生获取信息资源的速度变得更快，可以通过对问题与答案的分析来实现学习交互，更好地掌握知识。同时，部分移动学习平台还包含交互板块，同一知识点范围内的学生可以通过平台进行实时交流或留言交流。也就是说，平台内部可以形成稳定的经验交流网，即使部分学生未能透彻理解知识点内容，其也可以在他人的帮助下进行深度学习，直至自己真正理解知识点。

（四）关联性特征

移动学习在远程教育方面具有关联性，这说明学习者的覆盖面会变得更加广泛，即便是缺少时间或缺少网络环境的人也可以通过移动学习满足自身的学习需求。随着未来技术的发展，这一特征的优势会体现得更加显著。也就是说，移动学习将不仅仅面向在校学子而开展，其也可以面向社会人士或在校教师。只要人们具有学习需求，就可以在移动学习平台中获取到相关的学习资源。且移动学习平台的交互性特征也十分明显，教师不但可以成为学生，更可以成为课程制作者和上传者，利用移动学习平台为更多的人传递知识。

二、移动学习在现代远程教育中的应用

（一）流程化的移动教学

在远程教育的过程中，可以按照不同课程的特点来进行教学流程设计，从而让流程更加模块化，可以明确不同教学活动的不同目标。学生在进入学习平台后能够快速地了解课程安排与课程计划情况，结合课程设置的结果来明确自身的学习内容，规划学习时间，最终确定学习的最终目标，在完成一个阶段的学习之后才能进入下一个阶段的学习。在这一过程中，学生可以通过在线网络课程教学来获取教学资源，并从中筛选出具有代表性的课程，便于学习和参考。另外，针对学生必修科目与选修科目的学习，能够列出学习的重点内容，完善教学设计，让学生按照要求一步一步地完成教学计划，并最终完成课程学习工作。从这一点来看，移动学习即使建立在远程教育的基础上，其也可以稳定地完成教育辅导工作。不仅如此，这种资源固定的教育形式也能够帮助更多的学生养成科学的学习习惯。因此，现代远程教育也可以使用该思路，利用移动学习所具有的模块化特征来培养学生的流程化学习习惯。

（二）自主化学习设计

现代远程教育的特点在于学习形式具有显著的自主性，无论是学习时间还是学习空间都不会受到任何限制。换言之，即学生具有充分的自主化特征，所以教学模式也应该符合这一要求，以流程化的管理体系来解决学生学习过程中可能面临的不利局面，正视自我需求，调节学习过程中的自我评价。对于具有一定自我管理意识，且擅长自主学习的学生来说，应用移动学习这一自主教育形式，既能够满足他们的学习需求，也可以为其提供稳定的学习资源，辅助他们实现自己的学习目标。同时，教师也可以利用自主化的管理体系对学生进行教学监控，更好地处理学生的信息。例如，多数移动教学平台中都包含状态监控功能，即教师可以通过教育者身份随时监控不同学生的视频查看情况、线上作业完成情况。对于教师来说，移动平台也为教师监管提供了更加方便的途径，令教师做到高效监管、分类监管。虽然学生在知识水平上存在差异，不同学生对于学习的要求也有所不同，但在自主化的学习设计下学生可以快速获取课程信息、内容、考核标准，满足不同类型的教学管理工作。即便是学生本身存在能力差异，无法快速适应教学进度，也能为其制定个性化的需求，打造专属的学习体系。这些应用方式在传统教育模式中无法做到，且移动学习这一形式也可以同分层教育同步使用，教师不必刻意将教学内容保持一致，可更大限度地尊重学生个人对于知识点的理解，以及学生个人的学习诉求等。

（三）智能化评价

教学评价是学习过程的关键，也是衡量移动学习管理模式的重要内容。所以，应该通过质量监控体系的模式来反映学校的教学质量，以此为基础来确定教学质量的评价标准，同时也是对教学工作的一种认可。智能化评价可以分为两部分：第一部分是对教学资源以及互动板块进行评价，制作团队可以依照相关评价来继续优化资源内容与形式；第二部分则是学生对自己进行评价。针对教师的评价可能存在的缺陷，学生也可以通过评价结果来明确自身的定位。评价方式可以通过线上包含的考试板块来完成，也可以利用平台内部的学习态度评分来完成。学习态度评分就是根据学生观看视频的时长、周期性以及完成作业的概率、作业完成度等信息得出的综合结论，能够直接说明一个学生的学习习惯与质量。学生可以通过相关评分来对自己进行清晰认知，教师也可以通过该评分不断调整该学生的教育计划，令现代远程教育发挥更加高效的教育辅导作用。由于在现阶段，学生的学习程度与教师的引导有着直接联系，在远程教育快速发展的时代，也需要具备帮助学生自我管理与自我评价的能力，满足教育评价各个方面的需求，这对于教学管理非常关键。

现代的远程教育工作中，移动学习也是教育领域的研究重点，对其进行理论和实践的探索不仅可以对理论知识进行深化，提出确切的概念界定，也能切实地制定移动学习的方案与管理策略，为实际的教育工作需求服务。本节针对远程教育模式进行了相应的探索，从相关的理论特征出发，在明确其优势的前提下，探讨了在技术领域的合理应用。实践证明，移动学习的现实意义明确，在今后的远程教育中可以发挥至关重要的作用，为教育工作提供了更广阔的发展空间。

第三节　现代信息技术在教育中的应用

一、信息技术与教育信息

所谓信息技术，其中"信息"是关键词，信息与物质、能量共同构成了我们生活的世界。在人类生产和生活的各个领域，都离不开对信息的依赖，人们通过获取、处理、利用和控制信息，来认识和改造世界。而对信息的处理方式，则经历了从手工、机械到电子计算等不同阶段。正是由于 20 世纪计算机技术和网络技术的先后发展，信息处理的效率发生了质的飞跃。信息技术，是用于管理和处理信息所采用的各种技术的总称，又被称为信息和通信技术，包括传感技术、计算机与智能技术、通信技术和控制技术。信息技术是基于计算机技术所开发的，在互联网环境下，通过计算机网络和其他电子手段对信息进行收集、处理、加工和传播，其加快了信息传输的速度，拓宽了信息获取的渠道，具有技术事实和应用形态两个层面。技术事实方面，即信息技术不断发展所衍生出的新型技术，如大数据技术、虚拟现实技术、3D 打印技术等；应用形态方面，即网络普及、信息技术的应用所产生的产品和成果，如以电子方式呈现的视频、图片、软件等。而教育信息化就是通过信息技术与教育行业的深度融合，将各种信息技术手段应用于现代教学的教学管理和科研中，对教育信息资源进行深度开发与利用，以此推动和促进教育改革，不断提高教育教学质量和效益，培养适应信息化社会要求的具有较高信息素养的创新人才，真正实现教育现代化。在教育信息化进程中，信息技术是重要的工具，但如果不能科学、合理地对其进行应用和管理，就有可能对现代教学的发展产生诸多负面影响。

二、信息技术在现代教学中的应用

万维网技术的出现，在全球范围内构成了一个庞大的能够共享的信息网络集合，基于 Web 的客户端和服务器程序，让每个用户都能够获取这个系统中的资源。正是由于信息技术的不断发展，促进了各种资源共享平台的出现，教育得以从"传统"走向"现代"。而信息技术在现代教学中的应用，也走过了计算机单一课件辅助教学、教育资源的开发共享、信息技术与教育教学的深度融合等不同阶段。随着计算机向微型化、多媒体化发展，在计算机硬件、系统软件和课程软件的配合下，计算机能够帮助或部分替代教师向学生传授知识。开发者利用通信技术、个人计算机、网络编程语言，对不同学科进行课程软件的开发；而学生在多媒体教室系统中，通过计算机或大屏幕投影，对多媒体教学内容进行学习。这种教学模式比传统的方式更加生动、形象、准确，并具有可复制性，因此极大地提高了教学效率。计算机技术的发展，加速了信息化时代的到来，网络信息技术的发展使"知识共享"的脚步加快，优质教育资源的共建共享在全球范围内得到快速发展。例如，美国麻省理工学院率先启动了"开放课件"，将其教学资源向人们免费发放。20 世纪以来，优质教育资源的共建共享和全球范围内的快速传播促进了教育的均衡发展。目前，网络信息技术极大地改变了教学模式和学习方式，人工智能、大数据、云计算等新技术的发展与成熟，为现代教学提供了强大的技术支撑，从数字资源、多媒体教学到在线教育模式，信息技术已经成为现代教学改革和发展的重要力量。

三、信息技术对现代教育教学的变革

（一）优化教学环境

信息化的教学环境，是信息技术给现代教学带来的根本改变。网络信息技术具有共享性、多元化、互动性和即时性的特点，为现代教学营造了一个智能化、网络化和多媒体化的教学环境。在传感技术、通信技术和计算机技术的支持下，教师能够通过改变教学方式来提高教学效益，而学生能够在"向主、探究、合作"的学习环境中，不断充实自身的知识结构。例如，在网络、多媒体设备的支持下，学生能够获取更多的教学资源，既能够从课堂教学中掌握必需的知识，又能够学习到自己感兴趣的学科或领域的教学内容。

（二）转变教育教学理念

网络信息技术的介入，使传统的教育观念发生了根本性的转变。现代教学不仅仅局限在课堂教学中，教师和学生之间不再局限于面对面进行知识的传授和习得。在这个知识爆炸的时代，"互联网+教育"的理念，能够改变人们学习和认知的方式，建设学习型社会，构建终身教育体系。网络无处不在，高普及率的便携式移动学习终端和海量、开放的教育资源，使泛在学习成为未来教育发展的重点。技术的革新极大地推动了现代教育教学理念的转变，进一步促进了学校教育功能的变化和发展，教学思维也在向技术化和智能化转变。

（三）创新教学管理模式

网络信息技术也在不断改变着传统的教学管理模式、教学计划、教学组织和教学质量等。网络信息技术的强大工具属性，正在发挥越来越重要的作用。在现代教学中，管理者能够运用基于网络信息技术开发的教学管理系统，对教师的教学和学生的学习进行全方位跟踪和分析，监督和评价教师的教学行为，便于教学反思；同时对学生的学习状况进行监督和量化，了解每位学生对知识掌握的程度。目前，基于大数据和云计算的智能校园建设正在如火如荼地进行中，现代教学改革正向智慧教育迈进。

四、现代教学中应用信息技术所面临的挑战

（一）教师队伍的整体信息素养亟待提高

无论网络信息技术怎样飞速发展，与现代教学如何深入融合，教师仍然是教育教学中的关键因素，是确保教学工作和教育质量的根本。在教育理念、教育模式和教学资源不断更新和丰富的时代背景下，教师的角色和工作重点发生了改变，他们需要与时俱进，以更高的信息技术素养，来满足教育信息化发展的现实需要。受诸多因素影响，在我国教师队伍的建设中，仍有诸多教师缺乏在网络信息技术环境下进行教学的能力，他们对网络信息技术缺乏足够的了解和掌握，在信息化教育环境下的教学创新能力不足，不具备教学资源开发和管理的能力，无法成为现代教学中学生知识结构的设计者和知识获取的引导者。因此，提高信息获取能力和信息意识，具备自我更新能力，具有较强的网络信息技术应用能力，是现代教师的基本素质。而加强信息素养培训，则是信息时代我国教师队伍建设的重要任务之一。

（二）对传统教育教学方式的冲击和挑战

网络信息技术应用于现代教学领域，促进了课堂教学和线上教学的融合，极大地改变了传统的学习方式。但教师的教学模式和学生的学习方式发生改变，能否取得满意的教学效果，一直是教育者、学生甚至全社会共同关注的议题。任何一项新技术从出现到应用，必然经历复杂而漫长的周期去验证其科学性和有效性。而脱离了课堂教学，在线学习过程中学生的学习专注度和学习效果，是教师难以准确掌控的一个现实问题。同时教师由教学的主导者变成了学习的引导者，他们如何有效利用网络信息技术提供的学习平台和教学资源，更好地履行自身的教育职责，也是教育信息化时代广大教育工作者面临的一项艰巨任务。

（三）网络信息技术在现代教学中的定位

网络信息技术的发展为现代教学提供了丰富的手段支持和技术保障，提高了教育教学的效率和效益，在现代教学中的地位和作用愈加明显。但在网络信息技术与现代教学深度融合的过程中，先进的技术并不是解决所有教育教学问题的灵丹妙药，网络信息技术作为一种教育技术，在现代教学发展过程中如何正确定位，是所有教育从业者应当思

考的问题。当前，将先进的技术等同于先进的教育，这种偏颇的技术至上思想倾向普遍存在。很多学校将更多的资金投入信息基础设施建设上，希望通过硬件配置和软件质量的提升，来提高学生的学习质量。虽然网络信息技术的交互性和协作式教学形式能够充分体现学生在学习中的主体地位，培养他们的高级认知能力和创新能力，但在人文关怀方面，教师的口耳相传，传统纸媒的情感传递，都是网络信息技术所不具备的。因此，如何平衡好教育和技术，使网络信息技术在现代教学中不越位，树立正确的现代教学观念，是教育信息化健康发展的关键所在。

第四节 现代教学技术装备在教学中的应用

在新课程改革背景下开展教学工作，应当有效应用现代化教育技术装备，进一步丰富课堂教学内容。例如，在教学中可以将信息技术当作学生学习的重要工具和载体，有效应用多媒体技术，将抽象枯燥的知识变得形象生动起来。通过多媒体技术的文本和声音、图像与视频等综合处理与强大交互特点，为教学编制多元化的辅助课件，创造出图文并茂且栩栩如生的教学，能够为教师的教学、学生的学习提供形象的工具，激发学生的学习热情，有助于扭转传统单调的教育模式，进一步促进教育教学改革可持续发展。

一、信息技术在教学中的应用

新课程标准中明确提出，应当将信息技术当作学生学习新知识与解决问题的重要工具，彻底扭转学生传统落后的学习方式，让学生能够自主且有较多的精力投入有探索性与现实性的教学活动中。在教学活动中应用以多媒体计算机与通信网络为标志的信息技术，可有效提高学生的学习兴趣，进一步提高课堂教学效率和质量。应用多媒体技术对文本、图形与动画进行综合处理，为教学编制栩栩如生的教学课件，有助于教师教学工作的顺利开展。同时也能够扭转传统落后的教育模式，使学生能够轻松愉悦地学习，由此可以看出多媒体技术的出现与应用，为教学手段的改进提供了新的机会，产生了难以估量的教学效果。例如，在学校教学过程中应用多媒体课件，能够验证很多数学结论，应用电子课件演示直线无限延伸，也可以展示长方体与正方体相对面积相等，可以展示一个角的两边缩短或延长都不影响角的大小。借助多媒体课件进行展示，能够使学生验证结论，也能够解决实践教学中的多项难题。

二、实验教学在教学中的应用

实验教学为学生创造了轻松愉悦且自主参与的条件和机会，为学生提供了具有现实意义且富有挑战性的内容，有助于激发学生的主动参与热情和探究欲望。通过动手实验、自主思考、小组合作有助于学生加强知识的有效吸收和内化。在实验过程中，教师应当留足学生自主探究的时间与空间，使学生能够获得从事学习活动的机会，鼓励学生选用自己喜欢且切合实际的认知方式探索发现，有助于学生在课堂上真正自主发展，培养学生的探索精神。例如"测量石块体积"一节，教师可以先引导："同学们，在日常生活中，有些东西既不是长方体或正方体，也不是圆锥体或圆柱体，如石头、鸡蛋、苹果等物品有各自的形状特点，很不规则，我们将这样的物品称为不规则物体，它们的体积是如何测量与计算的呢？"然后教师举起小石头和半杯水，让学生观察杯子中的水位线，并提出问题："同学们，你们思考一下，如果将小石头放进杯子中会产生什么现象？你们想到了什么呢？"教师引导和点拨后，将全班学生分成若干个小组，鼓励学生以小组的形式进行探讨与实践操作，教师作为活动组织者也可以参与其中了解小组的学习方案，并且有针对性地指导困难的小组。引导学生自主设计测量方案，能够体现合作探究过程，也能够生成多种测量方式，并且确保实验结果的科学性与开放性。

三、加强多学科的有效融合

在新课程改革背景下，应当进一步加强多元化学科的有效融合，有助于提高学生的学习能力，进一步增强综合素养。例如，美术在数学教学过程中能够起到一定的引导与促进作用，通过直观生动的图画更能够激发学生的数学学习兴趣。由于数学知识比较枯燥乏味，久而久之学生会产生厌学心理，难以集中注意力。但是在数学教学过程中配上栩栩如生的图画，能够将学生的抽象思维转换为形象思维，降低了数学教学难度，学生在学习过程中也会激发学习兴趣。将美术知识应用于数学课堂中，能够提高学生的形象思维能力与感悟能力，使学生感受美术魅力的同时增强数学学习技能。例如，学习"点阵中的规律"一节时可以在引导学生认真观察点阵图的画面后，提问学生："同学们，点阵图中的点是胡乱摆放的吗？"学生经过观察后回答："是有规律的，并不是随意摆放的。"然后教师出示电子课件：一组点阵图。再引导学生分析："让我们来看一下，点是如何排列的？"学生观察后回答："点是根据行和列的依次增加摆下去的。"最后教师总结："这就是点的排列规律。同学们，你们猜一下下面五个点阵如何排列，一共有几个点呢？"鼓励学生通过亲自操作掌握知识。由此可以看出，兴趣是最好的老师，美的画面有助于激发学生的学习欲望，形式多元的图形也能够使学生感受到数学知识的绚丽多彩。

四、网络教研在教学中的应用

当前我国信息化技术与互联网技术进一步发展，对专业化教师队伍建设提出的要求也进一步增多，网络教研和教学有着密切的关系，网络教研的最大特点就是能够进行资源共享，使每位教师的知识快速更新，也为教师提供了展示自我交流与互动的重要平台，促使专家与教师、教师与教师之间的交流更加灵活，更加开放。

综上所述，随着教育教学改革的进一步发展，新一轮的教育课程改革全面开展，现代教学技术装备已在教学中得到广泛应用。所以在日后的教学过程中，应当以信息技术为核心加强多元学科的有效整合，提供多元且丰富的教学材料与器具，有助于丰富课堂教学方式，进一步创新课堂教学内容，改变传统落后的课堂教学结构，为课堂教学的发展注入新的生机与活力。

第五节　现代教学技术在心理健康教育课堂中的应用

随着教育教学环境的不断优化，多媒体和网络等现代教学技术被越来越广泛地运用于课堂教学上。来自多个学科的教学实践研究表明，现代教学技术的使用对于提升教学效果有极大的帮助。从心理学的角度来讲，注意是学生获取知识和体验的前提。而现代教学技术能更容易地将图、文、声、动画、视频等信息呈现给学生，有效集中学生的注意力，调动学生学习的积极主动性。对以活动和体验为主的学校心理健康教育课堂来说，运用现代教学技术能更好地创设课堂活动的情境，加深学生对心理主题的内心体验，有利于课堂互动、分享与感悟。

然而，在实际的教学中，我们也不难发现，有些心理健康教育课对现代教学技术的运用存在不恰当、不合理的情况，这主要表现在以下三个方面：

①呈现信息的方式不合理。例如，文本大段呈现，忽略了字体大小的调整，导致学生接收文本信息的效率不高。又如，案例资料仅使用文本形式来呈现，呈现信息的形式过于单一。

②资料选用不恰当。例如，所选用的图片、音乐与当堂心理课教学内容关系不大，甚至不相符，反而给学生的认知和体验造成一种负荷；课堂使用的音频、视频资料仅仅局限于网络下载，很少原创，难以真正做到从学生当下的学习和生活实际出发。

③在课堂上过于依赖现代教学技术。例如，有的课堂呈现了过多的视频或音频资料，课堂大部分时间学生只是在被动地接受心理健康教育知识，缺少主动参与。

对现代教学技术的不合理使用甚至滥用，不仅没有给心理健康教育课堂锦上添花，反而对学生的体验和感悟造成重重困难，的确需要得到重视与改进。为了实现促进学生体验和感悟的教学目标，在心理健康教育课堂中运用现代教学技术，需要以学生的身心发展为出发点，结合课堂主题特点，合理使用多媒体与网络等资源，以便用对、用好现代教学技术。本节对在心理健康教育课堂中使用文本、图片、音频、视频、网络、应用软件等信息技术资源进行深入而详细的探讨。

一、文本的使用

在心理课堂中，文本大多被用来呈现活动规则、介绍案例、讲解心理学相关理论，这往往需要大量的文字。然而，对投影在屏幕上数量巨大的文字进行加工很容易让人感到吃力，这使得文本阅读基本处于低效状态。为了让学生更高效地获取呈现在屏幕上的文本信息，可以从以下四方面入手：

第一，将呈现在屏幕上的文本行数控制在一定范围内，尽量避免在屏幕上呈现数量巨大的文字。例如，一页 PPT，一般将文本控制在 7 行左右比较合适。

第二，用呈现关键词代替整篇文本。例如，在介绍案例时，以教师的叙述为主，屏幕上配合呈现案例中的关键词。这种方式要比直接向学生呈现完整的案例文本，更容易让学生集中注意力并快速理解。

第三，在确实需要大量文字同时呈现时，可将文本内容模块化。例如，心理课堂中一些复杂的游戏规则和活动要求，可以用带颜色的文本边框将所要呈现的文本内容分块列出，并跟随教师的讲解相继呈现。需要注意的是，模块应在一页 PPT 内，不宜过多。

第四，选用字体、字号及颜色要协调，一般不要频繁变换。文字的颜色根据 PPT 背景颜色来确定，背景为深色文字选用浅色，背景为浅色文字则选用深色，尽量形成较为鲜明的对比。

二、图片的使用

在多媒体课件中穿插图片，或者用相应的图画作 PPT 背景可以达到视觉美化的效果。部分主题的心理课中，采用合适的图片，的确更有利于烘托课堂气氛。例如，在制作"缓解考试压力"的多媒体课件中，用一些或温馨或有趣的背景图片和插图，更容易让学生心情放松、精神愉悦，从而对缓解压力起到一定的辅助作用。

但是我们也常常发现，有些心理课件中的图片并没有起到这种支持性的作用，尤其是一些与课堂主题相关不大、只是起装饰性作用的图片可能在一定程度上会对学生的课堂学习与体验产生干扰。有研究发现，装饰性的图片会干扰学生对学习内容的记忆与理解。由此可见，图片并非越多越好，也并非所有的情况都适合使用图片，应当根据课堂的需要，谨慎选择合适的图片加入课件中。

具体来说，适合呈现图片的情况有以下四种：

（一）用图片帮助学生理解心理学理论

在需要简单普及并介绍心理学理论知识的情况下，用图代替文字可以更直观地呈现要讲解的内容，有助于学生的理解。例如，给学生讲情绪调节，往往都会提到情绪的 ABC 理论。其实，对于学生来说，并不需要对该理论有多么深入的理解，只需要理解大概内容，会运用这种方法反思自己的不合理信念，能通过调节认知进行情绪的自我调节就足够了。此时，把 ABC 理论用图的形式呈现出来，就更加易于教师的讲解和学生的理解。

（二）用图片烘托气氛，激发学生的学习兴趣

例如，在培养创造力的课堂中，要激发学生创新创造的兴趣，可以首先给他们呈现一些创新的好例子。在一节公开课中，授课教师一开始并未提及本课主题，只是给学生展示了几组创意广告的图片，让学生猜一猜，这些图片是在为哪种商品做广告。学生们一下子被这些图片吸引，纷纷提出自己的猜测。在这一过程中，学生们不仅仅体会到创新、创造带来的独特感受，也有了创新的兴趣和动力。

（三）用图片产生共鸣、触发思考

例如，给学生上生涯探索主题的心理课，首页 PPT 上呈现了一个站在三岔路口的 3D 小人。结合这节课的主题，这张背景图让正处于选科迷茫期的学生产生了深深的共鸣，进而触发他们对有关选择、未来等生涯问题的思考。

（四）用图片促进学生的自我觉察

心理健康教育课是特别注重自我觉察与反省的课堂，有些时候学生需要通过与他人的互动来增加对自己的认识，而有些时候学生需要在一些任务中觉察自我、了解自我。比如，为了更好地让学生觉察自己的职业性格，教师在课堂上给学生们呈现了一张图片——一个被拆开的闹钟，并让学生用自己的语言描述看到了什么。活动结束后发现，不同的学生会有非常不一样的描述方式和风格，而这种不一样正好可以同个人的职业性格特点联系起来。

三、音频的使用

（一）音乐的使用

音乐治疗作为表达性艺术治疗的一种，将富于治疗内容的音乐介入心理治疗的过程中，让个体内心的冲突更好地呈现，让被压抑的情绪尽情地宣泄。结合音乐治疗的相关理论，心理课也可以在不同阶段和不同情境下加入合适的音乐成分，让学生更容易体会和表达自己的内心。

1.在热身游戏中使用背景音乐

合适的背景音乐可以烘托气氛。心理课中经常在课堂导入部分设置与主题有关的热身游戏。为了营造愉悦放松的课堂氛围，让学生更好地感受游戏场景的趣味性，可以为游戏添加欢快愉悦的背景音乐，让学生更好地融入游戏情景，增加这一过程中的个人体验。

2.在学生思考的过程中使用背景音乐

有一个问题往往会困扰心理健康教育课的教师，即心理课堂为学生提供了一个轻松自由的氛围，容易让一些学生在课堂上情绪高涨难以控制。这常常导致在需要安静思考或者独自书写的教学环节中，学生们不是交头接耳就是久久难以静心。这个时候，一段音量适中的背景音乐，会让学生们很自然地平静下来，进而沉浸在音乐所营造的氛围中。当然选择合适的背景音乐对于转化不同的课堂氛围、触发不同的情绪情感至关重要，一段舒缓悠扬的纯音乐有助于学生回忆过去、反思当下，而一段激扬振奋的现代歌曲能更好地触发学生对未来的憧憬和想象。

3.在心理辅导实施过程中使用背景音乐

音乐不仅可以是心理课堂教学过程的点缀，也可以成为使用心理辅导技术时非常重要的一部分。在心理学的应用领域，音乐被广泛地用于改善学习效果、缓解失眠症状的心理辅导和治疗中。有研究表明，巴洛克音乐可以改善记忆力，这类音乐每分钟约 60 拍，与人类的脉搏与呼吸频率大致相同，使得脉搏和呼吸在这一节拍上趋于中和与稳定，可以诱发 α 脑电波以改善记忆力。在讲授学习心理方面的内容时，可以将这一研究结果运用于课堂上，让学生通过切身体验来感受这类音乐对学习的帮助。另外，做考前心理辅导，在对学生进行催眠放松训练的过程中，给催眠指导语加入合适的背景音乐，也有利于让学生进入催眠放松的状态。

（二）录音资料的制作与使用

案例分析和讨论是心理课经常采用的一种上课形式，案例可以帮助学生自我反思，因此备受心理教师的青睐。然而，如何呈现案例，却是一个令人头疼的问题。在以往的教学中，案例大多以文本的形式来呈现，但这种呈现方式也存在一定弊端。首先，呈现案例一般需要的文字数量较大，学生阅读起来比较费力，难以照顾到教室后排或者视力不好的学生。其次，不同学生的文字阅读的速度可能不同，这就让文本呈现的时间难以协调和统一，可能会对课堂进度造成影响。为了解决用文本呈现案例的困难，将案例用录音的形式展示不失为一种更好的选择。用录音的形式呈现案例，拥有文本呈现不具备的优势。首先，用录音的方式呈现案例，可以通过语速、语调、语气等非言语信息传达案例中主人翁的情绪感受和情感体验，让学生更好地理解案例所反映的心理困惑与问题。其次，将案例制作成录音资料来播放，可以照顾到视力不好的学生对信息的接收，也能更好地控制呈现时间，更好地实现高效课堂的目的。

四、视频资料的使用

（一）用已有视频资料加深对心理学知识的理解

学校的心理课也承担着普及心理学知识的任务。比如在介绍心理学知识的同时，也会向学生介绍异常心理的一些症状和表现。这一方面是为了扩宽学生的知识面，另一方面也有助于提高学生在日常生活中对异常心理的辨别能力。然而，有些异常心理通常在日常生活中很少有机会接触到，一些症状也难以用文字或语言来描述。在这种情况下，采用真实的视频资料或者影视作品的节选片段来呈现，就显得更为生动而直观。例如，通过《美丽心灵》的电影片段来了解什么是精神分裂症，通过一段有关虐待动物的电视新闻报道来了解什么是反社会型人格障碍等。

（二）用学生拍摄的视频资料呈现案例

心理课堂的案例除了通过文字或录音的形式呈现，还可以采用学生自己拍摄的形式来呈现。一方面，学生们对这种由身边同学参与拍摄、以他们熟悉的方式和语言来呈现案例的形式可能会更加感兴趣；另一方面，在视频拍摄过程中，也能让参与的学生加深对案例的理解，这也是促进学生参与互动的绝好机会。除此之外，通过视频，学生们还可以从表演者的表情、神态、动作和行为中获得更多有关案例的信息。可以在课堂之外借助学生社团的力量制作视频资料，如心理社、话剧社、摄影社等。可以让学生根据已有的成熟剧本来导演、拍摄、剪辑，也可以让学生自己编写剧本并演绎，还可以鼓励学生发掘身边真实的素材，以新闻采访的形式制作视频资料。比如，期中考试前在本年级发起"路边采访"，作为考前心理辅导的课堂视频资料。

五、网络的使用

网络在人们学习和工作中扮演的角色越来越重要，网络走进课堂在一定程度上能够帮助教师和学生更高效地利用课堂内外的时间。对于心理课堂来说，心理测试的网络平台极大地改善了传统的纸笔心理测试的条件。传统的纸笔测试不仅难以及时呈现详细的测试结果和解释，也让测试过程中的一些细节信息，比如在每道测试题上停留的时间等无法得到记录。而心理测试的网络评价很好地解决了这些问题。例如，在生涯探索的心理课中，学生通过网络平台完成霍兰德职业兴趣测试，网络不仅及时提供了测试报告，还记录了学生在每道题目上停留的时间。一些用时过长的题目可能反映了学生在某些方面的不确定与犹豫，这其实也给学生提供了一个自我觉察的新视角。

网络平台的运用不仅仅是在课堂上，还可以是课前和课后。比如在课前通过网络平台收集学生对某一主题内容的看法，调查学生近段时间以来的心理状态与困惑。网络可以实现数据收集与整理的及时化和高效化，这将有利于教师在课前更全面地了解学生、更好地备课。而在课后，还可以通过网络平台实现课堂的延伸。例如，关于生涯探索主题，仅仅利用心理课堂内的时间是远远不够的，如果能针对性地开设生涯探索公众号，面向学生开放校内的生涯测试平台等，能让学生充分利用课堂之外的时间，积极主动地探索生涯。

六、应用软件的使用

心理课堂要与时俱进，需要不断地去发现并运用能够实现高效心理课堂的各种工具。在这个信息化的时代，应用软件可以说是必不可少的工具之一。

对于心理课堂来说，一些工具类的应用软件可以改进甚至取代传统课堂的一些实物类工具。比如，心理课堂上要抽签，此时用一个随机抽签的小软件来代替传统的抽签方式，可以让这个过程变得既公平又有趣。再如，一款带计时与提醒的小软件，可以更好地帮助教师和学生在热身游戏、课堂活动等环节，把握并控制好时间。

应用软件不仅可以成为心理课堂的辅助工具，还能为课堂提供贴合主题的活动，帮助学生增加体验和感悟。例如，在一节以"生涯决策"为主题的心理公开课上，一位教师用到了网络上备受关注的"围猫游戏"。该游戏要求用最少的鼠标点击次数围住游戏中的一只虚拟小猫。实际上，这款电脑游戏是一款考察游戏者决策能力的小测试，从中能看出不同人的决策风格。课堂上，教师先后邀请了几位学生来完成这一游戏，并将整个过程投影在大屏幕上。游戏结束后，无论是游戏参与者还是台下的观察者都在这一过程中感慨万千，并产生了一系列有关"决策风格"的分享与讨论。对于新时代的教师来说，善于发现并使用这些新兴的应用软件，越来越成为一种新的素质需求。

不可否认，心理健康教育课成功与否的关键在于教学内容的设计。但如果能在心理健康教育课堂中合理地运用现代教学技术，通过对文本、图片、音频、视频、网络、应用软件的使用，来更好地烘托气氛、创设情境、呈现材料、实施测验、延伸课堂，必将提升心理健康教育课堂的感染力和实效性。

参 考 文 献

[1]刘萍萍，何莹.现代高校教育教学管理现状与创新发展[M].中国原子能出版社，2021.

[2]胡重光.现代活动教学与素质教育[M].国防科技大学出版社,2002.

[3]高荣侠.教师教学方法创新与实践[M].吉林出版集团股份有限公司,2021.

[4]祝士明.现代教育技术[M].机械工业出版社,2008.

[5]高纪辉.基础教育现代化教学基本功[M].首都师范大学出版社,1997.

[6]易定恩,田奇林.现代教育与教学研究[M].中国广播电视出版社,1999.

[7]王水玉,高波.现代教育教学理论[M].中国人事出版社,1999.

[8]张春苏,王冬梅.现代教育技术基础[M].科学出版社,2016.

[9]曲艺,徐英俊.现代教育理论——教学原理与方法[M].东北林业大学出版社,2002.

[10]郝俊英,张蓉,冯淑瑞.现代教育教学方法与研究[M].吉林大学出版社,2013.

[11]李小红.增强现代教育技术在教学中的应用效果[J].小学科学，2023(6)：40-42.

[12]石聪.高校教育教学管理改革与发展探讨——评《现代教育理念下的高校教育教学管理研究》[J].中国教育学刊，2023(2)：01.

[13]潘菁.远程教育教学方法改革与创新研究[J].科技创业月刊,2018,11（31）：102-104.